ビジネス文書検定
受験ガイド

3級

公益財団法人実務技能検定協会

まえがき

ビジネスの分野では，事務的な職務に携わる者に，ビジネス文書が書ける能力を誰に対しても求めています。

ビジネス文書の能力とは，ビジネス的な文章・文書用語・様式・関連知識・書写などの知識技能のことで，事務処理のためには欠かせない基礎能力です。

しかし現実には，その能力に対して企業などからの不満の声が高く，特に新入社員の国語力の不足や文章力の不足などが強調されています。また，就職試験シーズンになると，決まってマスコミが，入社試験の典型的な誤解答の例を挙げて適切性や正確性などの欠除を指摘しているのをご存じの方も多いことと思います。

コミュニケーションの在り方や方法が，とかく取りざたされる現代社会ですが，文字を通してとなると，今度はその能力の弱さが取りざたされるというのが実情です。

「ビジネス文書技能検定試験」は，このような状況を背景として，コミュニケーションの一方の重要な手段である，ビジネス文書についての知識技能を一定の審査基準によって判定しようとするものです。

ビジネス文書には，一定の型や特有の言葉遣いがあり，それを会得することによって，ビジネスの場に対応できる正確・迅速な文書が書けることになります。

本書への取り組みによって，ビジネス文書作成技能が向上することを望みます。

目次

CONTENTS

目次 CONTENTS

ビジネス文書検定の受け方

1 ビジネス文書技能検定試験の概要

1 ビジネス文書技能検定試験の範囲と級位

試験の範囲は，次の3領域です。

Ⅰ．表記技能（総合・用字・用語・書式）

Ⅱ．表現技能（正確な文章・分かりやすい文章・礼儀正しい文章）

Ⅲ．実務技能（社内文書・社外文書・文書の取り扱い）

級位には，3級，2級，1級があり，それぞれの級位によって必要とされる技能の段階に違いがあります。詳しいことは「ビジネス文書技能・審査基準」をご参照ください。

2 試験の方法

各級位とも，筆記試験によって，受験者の技能を審査します。問題には記述式の解答をするものと，選択式の解答をするものとがあります。

3 合格基準

各級位とも，「表記技能」「表現技能」および「実務技能」の3領域から出題され，それぞれの得点が60%以上のとき合格となります。

4 受験資格

どなたでも受験できます。学歴・年齢・性別その他の制限は，一切ありません。

5 試験実施日

7月と12月の年2回実施します。

6 検定についてのお問い合わせ

試験の実施日・会場・検定料，合否通知，合格証の発行などについては，「受験案内」をご覧ください。その他，不明な点は，下記へお尋ねください。

公益財団法人実務技能検定協会　ビジネス文書検定部
〒169-0075　東京都新宿区高田馬場一丁目4番15号
電話　03-3200-6675

②ビジネス文書技能・審査基準

ビジネス文書技能の審査基準は以下の通りに定められています。

3級

程度	領域		内容
実務に役立つ文書作成技能について，知識と技能との基本を身に付けていることにより，上司の指示に従って，普通の文書を正しく理解し，作成することができる。	Ⅰ表記技能	❶総合	①文字を，丁寧に，正しく，読みやすく，整えて書くことができる。
		❷用字	①やさしい実用文に使われる常用漢字と，固有名詞やビジネス用語に使われる漢字とを書くことができる。 ②常用漢字表にはあるが，仮名書きすべき語句を，一応，知っている。 ③「現代仮名遣い」について，一応，知っている。 ④「送り仮名の付け方」を正しく使える。 ⑤片仮名が正しく書け，仮名書きする語句について，一応，知っている。 ⑥数字が正しく書け，漢数字と算用数字との使い分けができる。 ⑦句読点が正しく使える。
		❸用語	①一般の用語について，一応，知っている。 ②やさしい同音異義語や異字同訓語を使い分けることができる。 ③慣用の手紙用語について，一応，知っている。
		❹書式	①横書き通信文の構成とレイアウトについて，一応，知っている。
	Ⅱ表現技能	❶正確な文章	①普通の長さの文を，文法的によじれなく書ける。 ②類義語を使い分けることができる。 ③曖昧な用語や二通りに解釈できるような語句について，一応，知っている。

程度	領域		内容
		❷分かりやすい文章	①表題（件名）が付けられる。 ②箇条書きなどを使って，文章を分かりやすくすることができる。 ③分かりやすくするための図表が書ける。
		❸礼儀正しい文章	①人を指す言葉・敬称を知っている。 ②「お・ご（御）」を正しく付けられる。 ③動作の言葉に付ける尊敬語と謙譲語とを，単純な場合に，正しく使うことができる。 ④丁寧な言葉遣い，丁寧な言い回しが，一応，できる。 ⑤現在用いられている手紙上のエチケットやしきたりを，一応，知っている。
	Ⅲ実務技能	❶社内文書	①簡単な社内文書（通知文など）が書ける。
		❷社外文書	①簡単な業務用社外文書が，文例を見て書ける。
		❸文書の取り扱い	①受発信事務について，一応，知っている。 ②「秘」扱い文書の取り扱いについて，知っている。 ③郵便について，一応，知っている。 ④用紙の大きさ，紙質について，一応，知っている。 ⑤印刷物の校正について，知っている。

2級

程度	領域		内容
実務に役立つ文書作成技能について，知識と技能との全般を身に付けていることにより，単独で普通の文書を正しく理解し，作成することができる。	Ⅰ表記技能	❶総合	①文字を，丁寧に，正しく，読みやすく，整えて書くことができる。
		❷用字	①普通の実用文に使われる常用漢字とビジネス用語に使われる漢字とを書くことができる。 ②常用漢字表にはあるが，仮名書きすべき語句を，知っている。 ③「現代仮名遣い」について，知っている。 ④「送り仮名の付け方」を，一定の基準に従って正しく使える。 ⑤数字が正しく書け，漢数字と算用数字との使い分けができる。 ⑥句読点のほか，各種の区切り符号が正しく使える。
		❸用語	①一般の用語について，知っている。 ②やや難しい同音異義語や異字同訓語を使い分けることができる。 ③慣用の手紙用語について，知っている。
		❹書式	①縦書き通信文の構成とレイアウトについて，一応，知っている。 ②公印の押し方について，一応，知っている。
	Ⅱ表現技能	❶正確な文章	①やや長い文を，文法的によじれなく書くことができる。 ②意味の近い類義語を，使い分けることができる。 ③曖昧な用語や二通りに解釈できるような語句について，知っている。
		❷分かりやすい文章	①内容を的確に表した表題（件名）が付けられる。 ②箇条書きなどを使って，文章を分かりやすくすることができる。 ③分かりやすくするための図表が十分書ける。

程　度	領　域		内　容
		❸礼儀正しい文章	①人を指す言葉・敬称などを，よく知っている。 ②「お・ご（御）」を正しく付けられる。 ③動作の言葉に付ける尊敬語と謙譲語とを，一般的な場合に，正しく使うことができる。 ④丁寧な言葉遣い，丁寧な言い回しができる。 ⑤現在用いられている手紙上のエチケットやしきたりを，知っている。
	Ⅲ実務技能	❶社内文書	①一般の社内文書（稟議・規定・議事録など）が書ける。
		❷社外文書	①普通の業務用社外文書が，文例を見て書ける。 ②簡単な社交文書が，文例を見て書ける。
		❸文書の取り扱い	①受発信事務ができる。 ②「秘」扱い文書の取り扱いについて，よく知っている。 ③適切な郵便方法を選ぶことができる。 ④用紙の大きさ，紙質などについて，知っている。 ⑤印刷物の校正ができる。

1級

程　度	領　域		内　容
実務に役立つ文書作成技能について，知識と技能とを十分に身に付けているとともに，必要に応じて，これらを適切に指導することができる。	Ⅰ表記技能	❶総合	①文字を，丁寧に，正しく，読みやすく，整えて書くことができる。
		❷用字	①かなり難しい実用文に使われる常用漢字とビジネス用語に使われる漢字とを書くことができる。 ②常用漢字表にはあるが，仮名書きすべき語句を，よく知っている。 ③「現代仮名遣い」について，よく知っている。 ④「送り仮名の付け方」を，一定の基準に従って正しく使える。 ⑤数字が正しく書け，漢数字と算用数字との使い分けが完全にできる。 ⑥句読点のほか，各種の区切り符号が正しく使える。
		❸用語	①一般の用語について，よく知っている。 ②難しい同音異義語や異字同訓語を，使い分けることができる。 ③慣用の手紙用語について，よく知っている。
		❹書式	①縦書き通信文の構成とレイアウトについて，知っている。 ②公印の押し方について，知っている。
	Ⅱ表現技能	❶正確な文章	①長い文を，文法的によじれなく書ける。 ②非常に意味の近い類義語を，使い分けることができる。 ③曖昧な用語や二通りに解釈できるような語句について，よく知っている。
		❷分かりやすい文章	①内容を的確に表した表題（件名）が付けられる。 ②箇条書きなどを使って，文章を分かりやすくすることができる。 ③分かりやすくするための図表が十分書ける。
		❸礼儀正しい文章	①人を指す言葉・敬称などを，よく知っている。 ②「お・ご（御）」を正しく付けられる。 ③動作の言葉に付ける尊敬語と謙譲語とを，複雑な場合にも正しく使うことができる。

程度	領域		内容
			④丁寧な言葉遣い，丁寧な言い回しが，十分できる。 ⑤現在用いられている手紙上のエチケットやしきたりを，よく知っている。
	Ⅲ実務技能	❶社内文書	①一般の社内文書（稟議・規定・議事録など）が書ける。
		❷社外文書	①例外的な場合の業務用社外文書が，文例を見て書ける。 ②複雑な社交文書が，文例を見て書ける。
		❸文書の取り扱い	①受発信事務について，説明や指導ができる。 ②「秘」扱い文書の取り扱いについて，よく知っている。 ③適切な郵便方法を選ぶことができる。 ④用紙の大きさ，紙質などについて，よく知っている。 ⑤印刷物の校正ができる。
		❹添削指導	①部下や後輩が書いたものについて，適切な助言や添削指導ができる。

序

ビジネス文書を正しく理解するために

1 ビジネス文書が果たす重要な役割

1 ビジネスと文書

ビジネス社会では，電話や口頭で済まされる注文や通知などでも，「文書」によって伝達されていくのが普通です。

その理由としては，

①証拠として残ること。

②正確に伝わること。

③大勢の人に一度に伝えることができること。

などが挙げられます。これを「文書主義の原則」といいます。

ところが，これを無視して電話や口頭で注文を済ませてしまうと，次のようなトラブルが起きてしまいます。

社外のケース

「電話で，確かに 10 台と注文したはずなのに…」

営業課の岡田英二は，課長からの指示で，取引先にパソコンを電話で注文した。ところが納品されたパソコンは 20 台で，発注数よりも 10 台多かった。

岡田は早速，その旨を取引先に伝えたが，「岡田さんは，確かに 20 台とおっしゃいました。私は，その指示通りに納品いたしました」と一歩も譲らない。

さて，この場合，どこに問題があるのでしょうか。

このようなケースはよく見掛けます。もちろん，取引先が聞き間違いを認めて，パソコンを引き取ってくれれば問題はないのですが，そうなるとばかりはかぎりません。商取引なわけですから，言い間違い，聞き間違いだけでは済まされないのです。

前述した「証拠として残ること」「正確であること」が求められる理由も，ここにあります。

では，「文書主義の原則」に従って作成された注文書の文例を，次に示しておきましょう。なお，この書き表し方については，「第Ⅲ章実務技能」で学習します。

〔注文書の文例〕

営 発 第 5 0 号
平成○年12月2日

B商事株式会社
販売課長　下田　哲夫様

A株式会社
営業課長　山村　正一

「FIW500」のご注文

拝啓　貴社ますますご発展のこととお喜び申し上げます。
さて，このたび，下記の通り注文いたしますので，よろしくお願い申し上げます。　敬具

記

1　品　名　パーソナルコンピューター「FIW500」
2　数　量　10台
3　単　価　198,000円
4　納　期　平成○年12月16日
5　支払い　27日締め翌6日払い（小切手）　以上

担当　営業課　岡田

なお，このようなトラブルは，社外だけにかぎりません，次のケースから，それを見てみましょう。

◐社内のケース

「どうして，こんなに文書が多いのだろう……」

営業部の大石五郎は，毎日，メールされてくる文書の量の多さにへきえきしている。今日も，営業会議の通知，健康保険証の更新の通知などが続けて送信されてきた。

しかし大石は，ちょうど忙しい時期で，読むこともせず，そのままにしておいた。

社内では，ほとんどの伝達事項を文書や社内メールによって行っています。その理由は，全社員に対して，速やかに，同じ内容を，伝えることができるからです。

もし，これを口頭で行ったとしたら，時間はかかるし，聞き間違いや伝達漏れといったミスも生じてしまいます。これは，先の「社外のケース」で見た通りです。その意味で文書は，ビジネス活動を円滑に進めていくための，重要なパイプの役割を果しているわけです。

また，ビジネスマンは，会社や上司からの指示や通知などによって行動を取ります。それが会議開催の通知であったり，書類の提出であったりするわけです。

文書は情報です。そして，これを読むことも重要な仕事の一つというわけです。

それでは，社内通知の文書例を次に示しておきましょう。なお，この書き表し方については，「第Ⅲ章実務技能」で学習します。

〔通知文書の文例①〕

平成○年7月2日

営業担当者各位

営業本部長

定例営業担当者会議（通知）

1　日　　時　　7月6日（金）　15時30分～17時
2　場　　所　　8階第2会議室
3　議　　題　　上半期売上実績の検討と下半期の重要課題
4　資　　料　　配布済み
　　　　(1)　本年度販売計画書
　　　　(2)　上半期売上実績表

以上

〔通知文書の文例②〕

総 発 第 5 0 号
平成○年10月2日

社員各位

総務課長

健康保険証の更新について（通知）

このたび，健康保険証が更新されるので，下記の通りに願います。

記

1　新保険証は，10 月 25 日に配布します。
2　旧保険証は，各課で取りまとめの上，10 月 20 日までに総務課へ返却してください。

以上

担当　総務課　小沢

2 ビジネス文書の種類

ビジネス文書は,社内文書と社外文書に分類されます。次の図はその一覧です。

ビジネス文書

社内文書

通知文書 ／営業会議開催のお知らせ／社員旅行のお知らせ
／夏季休暇のお知らせ／健康保険証更新のお知らせなど

案内文書 ／社内セミナー開催の案内／書籍割引購入斡旋の案内
／厚生施設利用の案内など

依頼文書 ／社内報原稿執筆の依頼／インストラクター派遣の依頼など

照会文書 ／上半期営業状況の照会／OA機器活用状況の調査についての依頼など

社外文書

社外通信文書〈営業・商用に関する文書〉

照会状（問い合わせ） ／商品代金未着の問い合わせ／取引条件の確認
／在庫状況の問い合わせなど

通知状 ／事務所移転のお知らせ／生産中止のお知らせ
／株主総会の開催通知／製品の価格改定のお知らせなど

案内状 ／新製品発表会の案内／新装開店記念セールの案内
／新製品発売の案内など

注文状 ／商品の注文／商品の注文書（帳票）など

依頼状 ／新規取引の申し込み／委託販売の依頼／見積もりの依頼
／工場見学の依頼など

社交文書〈儀礼に関する文書〉

招待状 ／ゴルフ親睦旅行への招待状
／新社屋落成披露パーティーへの招待状
／社長就任披露宴への招待状

あいさつ状 ／社長就任のあいさつ状／役員交代のあいさつ状
／新会社設立のあいさつ状／転勤・着任のあいさつ状
／本社移転のあいさつ状など

季節のあいさつ状 ／年賀状／暑中見舞い／残暑見舞い／中元のあいさつ状
／歳暮のあいさつ状など

報告書　／社員研修受講報告書／出張報告書／日報·月報など

届け出　／欠勤届／住所変更届／始末書など

稟議書　／学生アルバイトの雇用の伺い ／社員研修実施の伺い／営業車購入の伺いなど

議事録　／販売会議議事録／人事会議議事録／委員会議事録など

規　定　／就業規則／事務取扱規定／文書取扱規定など

督促状　／代金支払いの督促／出荷の督促／見積書送付の督促など

苦情状　／納期遅れの苦情／商品破損の苦情／粗悪品の苦情など

抗議状　／商標権侵害の抗議／契約不履行の抗議／営業妨害の抗議など

反論状　／不良品という苦情に対する反論／商標権侵害の抗議に対する反論など

わび状　／納期遅れのわび状／商品破損のわび状／商標権侵害のわび状など

断り状　／品切れによる注文の断り状／取引申し込みに対する断り状
／製品値引きに対する断り状など

承諾状　／取引申し込みの承諾状／特約店申し込みの承諾状／製品値引きの承諾状

礼　状　／出張訪問の礼状／買い上げ客への礼状／注文の礼状／工場見学の礼状など

案 内 状　／褒章受章祝賀会の案内状／新年名刺交換会の案内状／懇親会の案内状など

祝 い 状　／社長就任の祝い状／支店長栄転の祝い状／新会社設立の祝い状
／取引先令嬢の結婚祝い状／賀（長寿、賀寿など）の祝い状など

見 舞 状　／病気見舞状／災害の見舞状／台風の見舞状など

悔やみ状　／取引先社長の逝去の悔やみ状／取引先社長夫人の逝去の悔やみ状
／役員の逝去の悔やみ状など

礼　　状　／病気見舞いへの礼状／災害見舞いへの礼状／贈り物への礼状など

紹 介 状　／取引業者の紹介状／知人の紹介状など

2 文書作成技能が求められている理由

ある会社の出来事

「これはビジネス文書ではない」

営業部の鈴木和男は，課長からの指示で取引先宛てに，カタログ送付の案内状を作成した。次はその文である。

> 頼まれていた秋季版総合カタログを，今日，送りました。何かありましたら，電話でもください。以上，よろしくお願いします。

ところが，この文を読み終えた課長は，「これはビジネス文書ではない。ただのメモ文だ。全面的に書き直しなさい」と，けんもほろろである。

Eメールでも，このような書き表し方を見掛けることがありますが，まずは，下の書き直した文例（案内状）と比較してみてください。何より丁寧さが違います。

〔案内文書の文例〕

> 「秋季版総合カタログ」送付のご案内
>
> 拝啓　毎々，格別のお引き立てにあずかり，誠にありがたく，厚く御礼申し上げます。
>
> さて，ご依頼の「秋季版総合カタログ」，本日別送いたしました。
>
> つきましては，内容ご検討の上，何とぞご用命を賜りますよう，お願い申し上げます。
>
> まずは，ご案内かたがたお願い申し上げます。　　　敬具

いかがでしょうか。

ビジネス文書は，ただ内容が伝達できればよいというものではありません。取引先に対して，「さすが，丁寧で礼儀正しい文書を書く会社だ」との評価を得ていかなければなりません。なぜなら，それが自社の信用を高め，取引を成立（継続）させていく基になるからです。ビジネス文書の作成技能が求められている理由もここにあります。

なお，この文書に見られるような特有の言葉遣いや丁寧な書き表し方については，第Ⅱ章「表現技能」と第Ⅲ章「実務技能」で学習します。

「これはもうホント、おどろいた」

新入社員のちょっとしたエピソードを。雑誌社の話です。

うちの編集部に、去年、新人の女性が入ってきました。その新人に、ぼくは研修のつもりで、あるえらい先生に原稿依頼の手紙を書くという課題を出した。もちろん、先生の名前と、依頼する原稿テーマや枚数や締切日などを、具体的に設定したうえでの話です。30分ほどして、彼女が手紙を書いてきました。ところが、これがすごい。いまどきの子だから、どうせ「拝啓　時下ますますご清祥のことと……」なんて書き方は知るまいと思っていたのですが、これはもうホント、おどろいた。なんと、「先生、コンニチワ」という書き出しだったのです。

もちろん、世間のジョーシキで言えば、こんな手紙の書き出しは通用しない。相手の先生がマナーにうるさい人だったりしたら、これはもう怒って縁を切られてしまうでしょうし、かなりひらけた先生でも、「あそこはいったいどういう会社なんだろう」と、クビをかしげるに違いない。

（天野祐吉著『広告みたいな話』新潮社）

3 ビジネス文書と現代の表記

それでは最後に，「ビジネス文書と現代表記」について，述べておきましょう。

1 現代の表記

現代表記法の基礎となるものには，内閣告示の「現代仮名遣い」「常用漢字表」「送り仮名の付け方」などがあります。法令や公文書はもちろんのこと，新聞，雑誌などの記事，そしてビジネスに関する文書も，この用字の約束事に基づいて書かれています。といっても，特に難しいことではありません。次の文例を見てください。

でん車にのって通きんしています。

いかがでしょうか。日本語の文章では，このような書き表し方はせずに，

電車に乗って通勤しています。

のように，漢字に仮名を交えて書き表します。これを漢字仮名交じり文といいます。この漢字仮名交じり文を，「常用漢字表」に基づいて書き表していくのが，現代表記というわけです。

では，現代表記法について，その概略を説明していきましょう。

2 漢字は,原則として常用漢字を用いる

[1]「常用漢字表」

この表は，日本語を使って書き表す場合の漢字使用の目安を示したもので，字数（字種）は，全部で2,136字あります（平成22年に改定された）。文書を作成する場合は，これに基づいて書き表していきます。

[2]「常用漢字表」に基づいて，適切に書き表すために

どこまでが常用漢字の範囲内にあるのかは，一覧表でもない限り，

なかなか判別できません。このとき『表記辞典』があれば，すぐ分かるし，何度か引いていくうちに，適切な書き表し方も身に付いてきます。また，表記辞典は，常用漢字の書き表し方や使い分けだけでなく，現代仮名遣いや送り仮名の付け方も分かる必携の書です。新しい常用漢字表に対応したものを机上に1冊，用意しておいてください。

3 常用漢字表と現代表記

では，「常用漢字表」に基づいた現代表記を実感してもらうために，次の年賀状の文例から，どの漢字が常用漢字の範囲外なのかを見てみましょう。

> 謹　賀　新　年
> お健やかに初春をお迎えのこととお慶び申し上げます
> 本年も何卒　宜しくお願い申し上げます

いかがでしょうか。「常用漢字表」に基づいて書き直すと以下のようになります。

> 謹　賀　新　年
> お健やかに初春をお迎えのこととお~~慶~~喜び申し上げます
> 本年も何~~卒~~とぞ　~~宜~~よろしくお願い申し上げます

かつては，それぞれ「お慶び」「何卒」「宜しく」と書き表していましたが，現在では，これらの漢字はすべて旧表記になっています。（今でも儀礼的な文書や年賀状などではこの表記はよく用いられる。もちろん，間違いではない）

4 常用漢字表と現代表記の幾つかの立場

漢字仮名交じり文は,「常用漢字表」に基づいて書き表していくわけですが,実際には,公用文や法令,新聞記事などで,表記上,幾つかの違いが見られます。その一部を見てみましょう。

①辞書による漢字の書き表し方

	公用文	新 聞	NHK	その他
まことに	誠に	誠に	まことに	まことに
さんかげつ	3箇月	3カ月	3か月	3か月
じゅんしゅ	遵守	順守	順守	遵守
かいかえ	買換え	買い替え	買い替え	買い替え

また,「とおり」を漢字で書くか,平仮名で書くかについても同様の異同が見られます。その書き分けの例を幾つか紹介します。

②辞書による漢字と仮名の書き表し方の違い

	公用文	新 聞	NHK	その他
次のとおり	次のとおり	次の通り	次のとおり	次のとおり
銀座どおり	銀座通り	銀座通り	銀座通り	銀座通り
二とおり	二通り	二通り	二とおり	二とおり

いかがでしょうか。上掲の表のように,公用文や新聞・放送,その他の表記辞典との間には,その立場により,漢字の使い方,また,漢字と仮名の使い分け,送り仮名の付け方などについて若干の違いが見られます。(この違いの理由について詳しく知りたい場合は,文化庁編『言葉に関する問答集』がよい) もちろん,それぞれ間違いではないので,どの表記法を採っても構いませんが,注意しなければならないことは,一つの文章に中に,「誠に」と「まことに」を混

在させないことです。「次のとおり」と「次の通り」も同様です。表記の統一が取れないからです。

このような表記の不統一感をなくし，書きやすく読みやすくするために必要なものが表記辞典です。この手引書1冊あれば，「漢字で書くのか，それとも平仮名で書くのか」で迷うこともありませんし，「漢字ならどの漢字で書くのか，平仮名ならどのように書くのか」，また「送り仮名はどこまで書くのか」などで考え込むこともありません。

なお，本書とビジネス文書検定試験の表記は，日本新聞協会新聞用語懇談会の取り決めに基づいて編修された『記者ハンドブック新聞用字用語集第12版』を基本にしていますが，その他，用例が豊富な辞書として『見やすい漢字表記・用字辞典』や『NHK漢字表記辞典』などがあります。

では，序章で学習した内容を踏まえた上で，「表記技能」「表現技能」「実務技能」の3領域について，それぞれ，詳しく学習していきましょう。

表記に関する参考辞書

公用文関係

ぎょうせい公用文研究会編『最新公用文用字用語例集』ぎょうせい

文化庁編集『新訂公用文の書き表し方の基準(資料集)』第一法規

報道関係

社団法人共同通信社編著『記者ハンドブック新聞用字用語集第12版』共同通信社

新聞用語懇談会編『新聞用語集2007年版』『新聞用語集　追補版』日本新聞協会

NHK放送文化研究所編『NHK漢字表記辞典』日本放送出版協会

一般辞書

三省堂編修所編『見やすい漢字表記・用字辞典』三省堂

「誠に」と「まことに」

なぜ，「まことに」は，漢字表記「誠に」と平仮名表記「まことに」とに分かれるのでしょうか。

「まことに」は，もともと「洵に」と書き表していました。でも，この「洵」が常用漢字表外の漢字のため，平仮名で「まことに」と書き表すことにしたのが「平仮名表記派」です。これによって，「まことに（本当に）」と「誠（誠実・真実・真心）」の意味の違いを明確にしようとしたわけです。

一方，同音でしかも意味の近い常用漢字の「誠」に書き換える（これを代用漢字という）ことにしたのが，「漢字表記派」です。意味が近いのだから，「これでよし」としたのでしょう。

また，「通り」と「とおり」も二派に分かれます。「銀座通り」など具体的な「通り」の場合は漢字で書き，「予定どおり」など具体的な「通り」でない場合は平仮名で書く，というのがその立場です。

もちろん，「銀座通り」も「予定通り」も漢字で書き表していくという立場もあります。「予定通り」「次の通り」などは，広く一般に使われる表記だからです。

以上，見てきたように，それぞれの立場によって表記の仕方には違いはありますが，その根底にあるものは，読みやすく分かりやすい文にしようとする共通の「思い」です。ぜひこの考え方を踏まえて，文書を作成してください。

第Ⅰ章

表記技能

総合・用字・用語・書式

1 総　合

1 文字は,正しく,丁寧に書く

[1] 出題の傾向

片仮名文を漢字仮名交じりの文章に書き直すのが，ここでの課題になります。次がその例題です。

問 1　下の枠内の片仮名文を，次の書き方で漢字仮名交じりの文章にしなさい。

①楷書で丁寧に書きなさい。

②句点（。）と読点（,）を打ち，必要な改行をしなさい。

モジハ　テイネイニ　タダシク　ヨミヤスク　トトノエテ カクコトガ　タイセツデ　アル

【解答例】

文字は，丁寧に，正しく，読みやすく，整えて書くことが大切である。

[2] 対策

　ペン習字のお手本のようなきれいで上手な字を求めているわけではありません。次の４点に注意して書き表していけば，それで十分です。

①楷書で丁寧に書く

　答案用紙の枠内に，漢字仮名交じり文で丁寧に書き写してください。字は多少下手でも構いませんから，楷書で，丁寧に書くことを心掛けてください。

②漢字の書き方

　誤字当て字などに注意して書き表してください。

③句点《くてん》（。）と読点《とうてん》（,）の打ち方

　句読点で問題になるのは読点です。設問では「読点（,）を打ちなさい」と指示しているのですが，中には「,」（コンマ）ではなく，「、」（テン）を入れてくるケースがあります。もちろん，間違いではないので，減点の対象にはなりませんが，問題の指示通りに解答していくのが，検定試験であることを理解しておいてください。（現在，コンマは左横書きの公用文や教科書などで採用されている）

　なお，句読点については，「句読点（区切り符号）の適切な付け方」（P .53）で学習します。

④改行

　改行は，文章を読みやすくするためのものです。改行もなく，延々と続いている文章は読みにくいからです。

　なお，改行をしたときは，１字空けてから書き始めることも忘れないでください。時々，Ｅメールでの文面のように，行頭がそろっている書写を見掛けます。注意してください。

　なお，改行については，「改行ができる」（P .92）で学習します。

② 用　字

1 やさしい実用文に使われる常用漢字と，固有名詞やビジネス用語に使われる漢字とを書くことができる

1-1 やさしい実用文に使われる漢字

［1］出題の傾向

まず，次の例題を見てください。ここでは，一般的に使われている漢字を，片仮名で出題しています。

問 2　次の文章の下線部分を，漢字で書きなさい。

> 本年度の定期(1)ケンコウシンダンを，下記の通り行うので，業務(2)チョウセイの上，全員(3)ジュシンしてください。

【解答】(1) 健康診断 (2) 調整 (3) 受診

「やさしい実用文に使われる常用漢字」とは，ビジネスでよく作られる社内文書（通知文書や報告書など）に出てくる程度の常用漢字です。「序」の21 P「営業担当者会議の通知文書」と「健康保険証更新の通知文」を見てください。「テイレイエイギョウタントウシャカイギ（定例営業担当者会議）」や「カミハンキウリアゲジッセキヒョウ（上半期売上実績表）」「シモハンキ（下半期）」「ホケンショウ（保険証）」「コウシン（更新）」などが，それに当たります。今後もこのような傾向での出題になるでしょう。

[2] 対策

常用漢字表そのものが漢字を制限しているということもありますが，複雑な字形の漢字は出題されません。

①片仮名に慣れる

さて，対策ですが，まずは「片仮名文」に慣れてください。簡単な漢字でも片仮名で「センモンブショ」などと出題されてしまうと，一瞬，考え込んでしまうからです。

特に「テイレイエイギョウタントウシャカイギ（定例営業担当者会議）」などの長いものなどは，片仮名が延々と続くのでどうしても読みにくい・分かりにくいということになりがちです。

このような場合は，全体を一つの固まりとして読まないで，単語ごとに区切って考えるとよいでしょう。「テイレイ／エイギョウ／タントウシャ／カイギ」のように「/」を書き入れるとより分かりやすくなるでしょう。また，実用文に使われる用語に慣れることも必要です。本書の第Ⅲ章実務技能　1社内文書や2社外文書の項や，『ビジネス文書検定実問題集３級』から実用文に使われる用語を実際に手で書いて学び取るというのも有効な方法です。。

なお，字形が似ていると，例えば，「専問部署」などと間違って書いてしまうケースもありますが，その対策については，「３用語」の領域で学習しましょう。

②社内文書の文体に慣れる

社内文からの出題が多くなるので，本書に収録されている社内文を読み，その文体に慣れておいてください。これによって，「ヒョウキについてカキの通り説明会をカイサイするので，出席してください」などの漢字書き取り問題にも，十分対応できるようになります。

1-2 固有名詞に使われる漢字

[1] 出題の傾向

ここでいう固有名詞とは，主に都道府県名とその県庁所在地名です。

３級では，次のような形式で出題されています。

問 3 次の文章は，支店長会議における社長の発言記録の一部です。この中の下線部分を漢字で書きなさい。

> (1)キンキ地方の支店の中では，特に，(2)シガの(3)オオツ地区，(4)ヒョウゴの(5)コウベ地区の売り上げが，あまり思わしくない。地道な営業努力を怠らず，頑張ってほしい。

【解答】(1) 近畿 (2) 滋賀 (3) 大津 (4) 兵庫 (5) 神戸

また，「次の下線部分を漢字で書きなさい」として，

⑴ 岩手県モリオカ市　⑵ グンマ県前橋市　⑶ 山梨県コウフ市

⑷ 兵庫県コウベ市　⑸ カガワ県高松市

などのような形式で出題される場合もあります。いずれにせよ，問われるのは，都道府県名とその県庁所在地名の漢字表記です。

[2] 対策

３級では，都道府県名と都道府県の県庁所在地が出題されます。この範囲のものは，次の一覧から確実に書けるようにしておいてください。

北海道・東北	北海道・札幌市	青森県・青森市
	岩手県・盛岡市	宮城県・仙台市
	秋田県・秋田市	山形県・山形市
	福島県・福島市	
関東	茨城県・水戸市	栃木県・宇都宮市
	群馬県・前橋市	埼玉県・さいたま市
	千葉県・千葉市	東京都
	神奈川県・横浜市	
甲信越・北陸	新潟県・新潟市	富山県・富山市
	石川県・金沢市	福井県・福井市
	山梨県・甲府市	長野県・長野市
東海	岐阜県・岐阜市	静岡県・静岡市
	愛知県・名古屋市	
近畿	三重県・津市	滋賀県・大津市
	京都府・京都市	大阪府・大阪市
	兵庫県・神戸市	奈良県・奈良市
	和歌山県・和歌山市	
中国・四国	鳥取県・鳥取市	島根県・松江市
	岡山県・岡山市	広島県・広島市
	山口県・山口市	徳島県・徳島市
	香川県・高松市	愛媛県・松山市
	高知県・高知市	
九州・沖縄	福岡県・福岡市	佐賀県・佐賀市
	長崎県・長崎市	熊本県・熊本市
	大分県・大分市	宮崎県・宮崎市
	鹿児島県・鹿児島市	沖縄県・那覇市

1-3 ビジネス用語に使われる漢字

[1] 出題の傾向

3級での「ビジネス用語」は，会社内外でよく使われる言葉から出題されています。それを，次の問題から見てみましょう

問4 次は，会社などの部署の名称です。それぞれの片仮名部分を漢字で書きなさい。

(1) ソウム部
(2) キカク室
(3) ケイリ部
(4) ヒショ課
(5) エイギョウ部

【解答】(1) 総務 (2) 企画 (3) 経理 (4) 秘書 (5) 営業

いかがでしょうか。

また，役職名を漢字で書くもの，例えば，シュニン（主任）やカチョウ（課長），フクブチョウ（副部長），ダイヒョウトリシマリヤクシャチョウ（代表取締役社長）などや，業種名（金融業，保険業，不動産業）なども出題されてきます。次の対策から万全を期してください。

[2] 対策

社内の役職名や部署名，また，一般的な業種名などの漢字を，次の一覧から書けるようにしておいてください。

社内の役職名	顧問　名誉会長　専務　常務　本部長　支店長 支社長　工場長　部長代理　次長　係長など
部　署　名	福利厚生課　庶務課　文書課　製造部　財務部 仕入部　管理部　販売促進部　広告宣伝部など
業　種　名	印刷会社　広告代理店　旅行代理店　出版社

	通信社　新聞社　放送業　情報･通信　商社 卸売業　小売業　金融業（銀行,生命保険,損害保険,証券会社,信販など）情報機器　自動車　食品会社 外食　化粧品会社　医薬品会社　衣料･繊維 建設会社　住宅販売　不動産　人材･教育　観光 百貨店　運輸　旅客鉄道など

なお，上表の関連語として「ジムキキ（事務機器）販売会社」や「ショウジ（商事）会社」「セイゾウ（製造）会社」「ブツリュウ（物流）」「リュウツウ（流通）」などの語も押さえておいてください。

「嗚呼「感」違い」

女優の星野知子さんは，薬局の陳列棚にある手書きの値札を見て驚いたそうです。それが「入浴済」と「整髪済」（『日本経済新聞』夕刊「あすへの話題」）。

もちろん，正しくは「入浴剤」と「整髪剤」です。

でも，このようなうっかりミス，よくありますよね。「悲観的」を「悲感的」と書いたり，「お姉さん」を「お柿さん」と書いたり。

では，どうすれば，このような勘違いを防げるか。あるんです。格好の本が。それが，①『驚異のつがわ式漢字ドリル』（津川博義著，主婦と生活社）②『「脳力」を鍛える大人の漢字トレーニング』（川島慶太著，宝島社）③『クイズ！日本語王』（北原保雄著，大修館書店）です。

一度，試してみてはいかがでしょうか。

2 常用漢字表にはあるが,仮名書きすべき語句

[1] 出題の傾向

「致（いた）す」や「所（ところ）」「時（とき）」「事（こと）」などは，漢字で書き表しても間違いにはなりませんが，その意味や用法の違いによっては仮名書きにした方がよいとされるものがあります。ここでは，その基本的な語の使い分けを次の問題から見てみましょう。

問 5 「ミル」は，漢字で「見る」と書く場合と平仮名で書く場合とがあります。次の下線部分に，漢字で書いてはいけない「ミル」があります。目で見るという意味ではないからです。それを一つ選び，番号で答えなさい。

(1) 見る見るうちに。
(2) 友人と映画を見る。
(3) 試しに使って見る。
(4) 災害の現場を見る。
(5) パソコンの画面を見る。

いかがでしょうか。

平仮名書きにした方がよいものは，(3) になります。設問にもあるように「目で見る」という意味ではないからです。新聞や雑誌，教科書などでもこのような書き表し方を採用しています。

ところで，設問では「目で見るという意味ではない」と，解答する上で参考となる手掛かりを示しています。また，用例を示して，それを参考に解答していく場合もあります。それが次の事例です。

問6 「トコロ」は，漢字で「所」と書く場合と平仮名で書く場合とがあります。次は，その書き分けの用例です。この文例を参考にして，それぞれ書き分けなさい。

＜書き分けの例＞
今，来たところだ（軽い意味で使うとき）
住んでいる所（場所や位置を表すとき）

(1) ご多忙のトコロ申し訳ない。
(2) 現在のトコロ，問題はない。
(3) 支店を建てるトコロはどこだ。

【解答】(1) ところ (2) ところ (3) 所

いずれにせよ，必ず手掛かりを示していますので，これに基づいて選んだり，書き表したりしていけばよいでしょう。

[2] 対策

前述したように，3級では，設問に示してある「意味」や「参考文例」に従って解答していけばよいでしょう。

なお，漢字と仮名の書き分けには，慣れも必要です。そこで，次ページに代表的な書き分けの用例を挙げておきました。参考にしてください。

❶……「いたす」と「致す」

①いたす……「謙譲」の意味を表すときに用いる。「お手紙，拝見いたしました」「大変ご迷惑をお掛けいたしました」「よろしくお願いいたします」

②致す………「影響を及ぼす，ある結果を引き起こす，もたらす」の意味を表すときに用いる。「私の不徳の致すところでございます」「それは，致し方ない」「繁栄を致した原因」

❷……「こと」と「事」

①こと………軽い意味の語として表すときや抽象的な内容を表すとき。「自己申告書は，人事部まで提出のこと」「許可しないことがある」「明日，訪問することにしている」「私こと，○月○日付をもって，貴地区担当を命じられました」

②事…………具体的な事柄を表すとき。「事に当たる」「事ここに至る」「事と次第による」「頼み事」

❸……「ところ」と「所」

①ところ……軽い意味の語として書き表すときや抽象的な意味で「ところ」を表すとき。「現在のところ，差し支えない」「ご多忙のところ，申し訳ございません」「わたしが聞いたところでは，話が少し違うようだ」

②所…………具体的な場所・土地等を書き表すとき。「所を得て，懸命に働く」「所変われば品変わる」「支店を建てる所」

❹……「とき」と「時」

①とき……… 軽い意味の語として書き表すときや「～する場合」と言い換えられるとき。「そのとき，急に目まいがした」「事故のときは連絡すること」

②時………… 「時期」「時刻」「時点」などの意味を表すとき。「時が解決してくれるだろう」「時と所」「時は金なり」「実行の時」「売り時」

❺……「ください」「くださる」と「下さい」「下さる」

①ください…くださる 「～てください」となるとき。「問題点を話してください」「調べてくださる」「ご注意ください」「ご了承ください」

②下さい……下さる 実際に物をもらうとき，もらったときに用いる。「その本を下さい」「お手紙を下さる」「賞状を下さる」

❻……「いただく」と「頂く」

①いただく… 「～ていただく」となる場合。「報告していただく」「資料を見ていただく」「ご出席いただく」

②頂く……… 「ちょうだいする」「頂上」などの意味を表すとき。「お手紙を頂く」「岡本氏を名誉会長に頂く」「コーヒーを頂く」「山の頂（いただき）」

3 現代仮名遣いの用い方

[1] 出題の傾向

「現代仮名遣い」ですが，「じ・ず」「ぢ・づ」の用い方を中心にして，次のような形式で出題されます。

問7 現代仮名遣いでは，「じ・ず」を用いて書くのが基本ですが，例外として，「ぢ・づ」を用いる場合があります。それが次の説明です。この説明を参考にして，下の各文の下線部分の中で，仮名遣いが不適切と思われるものを一つ選び，番号で答えなさい。

＜ぢ・づを用いる仮名遣いの説明＞

①「ぢ」を用いる例

「底力」は，「そこ」と「ちから」が一つになった語なので，仮名で書くと「そこぢから」になる。(下線部分)

②「づ」を用いる例

「小包」は，「こ」と「つつみ」が一つになった語なので，仮名で書くと「こづつみ」になる。(下線部分)

(1) まぢか（間近）
(2) おとづれる（訪れる）
(3) うらづける（裏付ける）
(4) いれぢえ（入れ知恵）

いかがでしょうか。

この場合，説明に合致しない選択肢は（2）です。理由は，「現代語の意識では一般に二語に分解しにくいもの（本来は，『おと（音）・つれる（連）』であったが，その意味が薄れ，全体として一語になっている）」（武部良明著『国語表記事典』角川書店）だからです。ここは「おとずれる」と書き表します。

また，(1)(3)(4)の後の語は，「ちかい」「つける」「ちえ」ですから，二語になると，それぞれ「まぢか」「うらづける」「いれぢえ」になります。ここから，消去法で(2)が不適切であるという判断の仕方もあります。

いずれにせよ，3級では解答するための手掛かりを示し，それに基づいて解答していく形式が中心になります。

[2] 対策

「現代仮名遣い」では，以下の書き表し方を知っていれば十分に対応できます。

❶……本則は「じ・ず」を用いて書く

せかいじゅう（世界中）　ひざまずく　いなずま（稲妻）
かたず　きずな　さかずき（杯）　ほおずき　うなずく　*にちじ
おとず（訪）れる　つまずく　さしずめ　ひとり（一人）ずつ
ゆうずう（融通）　*じめん（地面）　*りゃくず（略図）

＊印の語以外は，許容の書き方（「せかいぢゅう」など）があるが，本検定では本則の範囲で出題する。

❷……例外的に「ぢ・づ」を用いて書く場合

①同音が続くことによって生じた「ぢ・づ」

ちぢ（縮）む　つづみ（鼓）　つづ（続）く

②二語の組み合わせによって生じた「ぢ・づ」

そこぢから（底力）　いれぢえ（入れ知恵）　まぢか（間近）
こ（小）ぢんまり　ちかぢか（近々）　こづつみ（小包）
こころづ（心尽）くし　つねづね（常々）　もと（基）づく
うら（裏）づける

※「いちじるしい（著しい）」は，この例に該当しない。今も昔も「いちじるしい」である。

❸・・・その他の仮名遣い（「う」と「お」）

おうぎ（扇）　わこうど（若人）　とうと（尊）い

おお（仰）せ　おおやけ（公）　こおり（氷）　ほおづえ　とお（十）
いきどお（憤）る　おお（覆）う　こお（凍）る　しおおせる
とお（通）る　とどこお（滞）る　もよお（催）す　いとおしい
おお（多）い　おお（大）きい　とお（遠）い　おおむね
おおよそ

4 送り仮名の付け方

［1］出題の傾向

出題の範囲は,基本的な語が中心になります。その代表的な例が次の問題です。

問 8 「かがやく」「よろこぶ」「たのむ」は，それぞれ「輝く」「喜ぶ」「頼む」と送り仮名を付けます。この下線部分を活用語尾といい，送り仮名はこの活用語尾から付けるのが原則です。では，次の場合の語には，どのように送り仮名を付ければよいか，例を参考に下線部分に書きなさい。

＜例＞
いさましい→勇ましい

(1) かがやかしい→　輝＿＿＿＿
(2) よろこばしい→　喜＿＿＿＿
(3) たのもしい　→　頼＿＿＿＿

【解答】(1) 輝かしい (2) 喜ばしい (3) 頼もしい

いかがでしょうか。

設問での手掛かり（「輝く」「喜ぶ」「頼む」）を踏まえて検討していけば，確実に解答できます。

例えば，(1)「かがやかしい」を検討してみると，送り仮名の「かがやく」の「く」に対応するのが「かがやかしい」の「か」であることが分かります。従って，「輝かしい」と送り仮名を付けていけばよいわけです。

[2] 対策

「送り仮名の付け方（原則）」については，下の一覧を見れば分かるように，普段からよく使われているものばかりです。セルフチェックの要領で，確認してみてください。そして，これを対策としてください。

「送り仮名の付け方」一覧

①活用のある語

憤《いきどお》る　承《うけたまわ》る　書く　実る　催《もよお》す　生きる　陥《おとしい》れる　考える

助ける　荒い　潔《いさぎよ》い　賢《かしこ》い　濃《こ》い　主《おも》だ　補《おぎな》う

②語幹が「し」で終わる形容詞は,「し」から送る

著《いちじる》しい　惜しい　悔《くや》しい　珍《めずら》しい

③「か」「やか」「らか」を含む形容動詞は,その音節から送る

暖かだ　細かだ　穏《おだ》やかだ　健《すこ》やかだ　和《なご》やかだ　明らかだ

平《たい》らかだ　滑《なめ》らかだ

④その他の送り仮名

明らむ　味わう　哀れむ　慈《いつく》しむ　教わる　脅《おびや》かす　脅《おど》かす

異なる　逆らう　群《むら》がる　和《やわ》らぐ　明るい　危ない　危《あや》うい

冷たい　平《ひら》たい　新《あら》ただ　盛んだ　平《たい》らだ　懇《ねんご》ろだ　惨《みじ》めだ

幸いだ　巧《たく》みだ

語らう（語る）　計らう（計る）　損《そこ》なう（損ねる）　向かう（向く）

浮かぶ　生まれる（生む）　押さえる（押す）　捕らえる（捕る）

勇ましい（勇む）　輝かしい（輝く）　煩《わずら》わしい（煩《わずら》う）

喜ばしい（喜ぶ）　晴れやかだ（晴れる）　及ぼす（及ぶ）

積もる（積む）　頼もしい（頼む）　起こる（起きる）　落とす（落ちる）

暮らす（暮れる）　冷やす（冷える）　当たる（当てる）

終わる（終える）　変わる（変える）　集まる（集める）

連《つら》なる（連ねる）　交《まじ》わる（交える）　混ざる･混じる（混ぜる）

細かい（細かだ）　柔らかい（柔らかだ）

辺《あた》り　勢い　幾ら　後《うし》ろ　傍《かたわ》ら　半《なか》ば　独《ひと》り　誉《ほま》れ　自《みずか》ら　災《わざわ》い

仰《おお》せ　薫《かお》り　憩《いこ》い　曇り　調べ　届け　当たり　代わり　向かい

必ず　既《すで》に　全く　来《きた》る

明《あ》くる　直《ただ》ちに　大いに

併《あわ》せて（併せる）　至《いた》って（至る）　従って（従う）　辛《かろ》うじて（辛《から》い）

浮《うわ》つく　差《さ》し支《つか》える　五月《さつき》晴《ば》れ　立《た》ち退《の》く　最《も》寄《よ》り

⑤複合語の送り仮名

書き抜く　申し込む　打ち合わせる　聞き苦しい　軽々《かるがる》しい

長引く　後ろ姿　斜め左　物知り　落書き　先駆け　手渡し

行き帰り　乗り降り　乗り換え　取り扱い　有り難み　無理強い

早起き　立ち居振る舞い　呼び出し電話

5 片仮名の書き方

[1]出題の傾向

外来語や外国の地名・人名などは，片仮名で書き表します。また，物音や動植物名なども片仮名で書きます。これらの言葉を「片仮名書きの語」といいます。

なお，実際の試験では，片仮名だけを取り上げての出題はありません。しかし，「Ⅲ実務技能」の問題の中には，片仮名の書き取りも出てきますので，以下に述べていることに注意しながら，書き表してください。

①日本工業規格（JIS）の用語

エレベーターの表示板を見ると，「Ｐ波センサ付地震管制運転。地震を感知しました。エレベータから降りてください」とあります。「センサー」が「センサ」に，「エレベーター」が「エレベータ」となっています。そして，同様のことが事務機器全般にもいえます。例えば，「コンピュータ」「プリンタ」「ワードプロセッサ」「ロッカ」「スピーカ」「クーラ」「モータ」「ブザ」など，全部最後の長音符号「ー」は付けません。

これはＪＩＳ（日本工業規格）の工業規格を決めるとき，「ー」を取ることになったからです。しかし，これは，いわば専門用語の範囲に入るもので，一般的な書き表し方ではありません。一般には「コンピューター」と長音符号を付けて書き表します。しかし，取引先の社名が「○○コンピュータ株式会社」であれば，そのまま，「コンピュータ」と書き表さなければならないのは言うまでもありません。

②外来語でも，平仮名で書き表すもの

本来は外来語でも，現在では日本語に成り切っているものは，そのまま平仮名で書き表します。「たばこ」「かっぱ（外套）」「きせる（煙管）」「さらさ（更紗）」「じゅばん・じばん（襦袢）」などがこれに当たります。

③ヴァ・ヴィ・ヴ・ヴェ・ヴォとバ・ビ・ブ・ベ・ボ

バイオリン（violin）は，バイオリズム（biorhythm）などとの発音上の区別を付けるため，専門書などでは「ヴァイオリン」と書き表すことがあります。ヴォキャブラリー（vocabulary）などもこの例に入ります。しかし，一般的には「v」「b」で始まり「バ」と読める語は，共に「バ」で書き表した方が標準的でしょう。

④注意したい「シ」と「ツ」，「ソ」と「ン」

最近は，片仮名での社名や商品名などが多くなってきています。特に，「シ」と「ツ」，「ソ」と「ン」などを書くときは，細心の注意が必要です。

「えっ，イワツって何」

産経新聞のコラム「産経抄」にこんな話が載っていました。

もずく酢、肉じゃが、イワツの梅肉揚げ。夕食に立ち寄った居酒屋で、黒板の品書きを見て考え込んだ。イワツって、どんな食べ物だったか…はたと気づいた。イワシだ。イワツじゃない。しかし、その字はどう見ても「ツ」と読めた。▼たまたま一緒だったのが損保会社の事務員で、大量の契約書を扱っている。「片仮名を正しく書けない人は意外に多い」のだという。よくあるのは、「ツ」と「シ」、それに「ソ」

と「ン」の混同らしい。

いかがでしょうか。

そういえば，最近「今，話題のパソコソ大量入荷！好評販売中」という手書きのポスターを見掛けました。でも，これでは好評発売中どころではないでしょう。ご用心ご用心。

6 数字の書き表し方

[1] 出題の傾向

ビジネス文書は，左横書きなので，原則として算用数字を用います。

しかし，意味の違いを表すため，この原則に当てはまらない場合もあります。それが次の問題です。

問9 横書き文章では，数量や順序などの具体的な数は，「50個」「3人」のように算用数字で書きますが，次のような場合は漢数字で書きます。では，下の各文の下線部分の中で，数字の書き方が不適切と思われるものはどれか。一つ選び，番号で答えなさい。

・「数十人」などの概数の場合
・「四国」などの固有名詞の場合
・「一斉休暇」などの熟語の場合

(1) 一般的な意見。
(2) 二，三日でお届けします。
(3) 開発を手掛けて5年になる。
(4) 小数点以下は，4捨5入する。
(5) 会議資料の作成に3日間かかった。

いかがでしょうか。不適切な選択肢は（4）になります。正しくは「四捨五入」と漢数字で書き表します。数量よりも熟した言葉（熟語）としての意識の方が強いからです。

設問には参考事例が示してありますので，これに基づいて解答していきます。例えば，（3）と（5）は実際の日数や年数です。従って，ここでは算用数字を用いるから適切。（2）はおおよその数（概数）をいっているので漢数字でよい，ということになります。

なお，今後もこのような形式での問題が中心になるでしょう。

[2] 対策

算用数字と漢数字の使い分けを問うことが中心になりますから，以下の内容を理解しておけば，十分に対応できるでしょう。

❶・・・算用数字を用いるのが原則

数字には，「一・二・三……，十・百・千・万・億・兆」などの漢数字と，「1・2・3……」のような算用数字とがあります。

ビジネス文書は，左横書きなので，原則として算用数字を用います。そのとき，読みやすくするため，1,000以上の数字には，三けたごとに区切り符号「,」を付けます。ただし，年号，文書番号，電話番号などに付ける必要はありません。

なお，続け字・崩れた字などは，読み手の判断を誤らせる恐れもあるので，丁寧さを旨として書くようにしましょう。

❷・・・漢数字を用いる場合

次のような場合には，左横書きの文書でも，漢数字を用います。

①地名・人名・会社名・建造物名・書名

九州，五木部長，三省堂書店，三千院，十八史略など

②漠然とした数（概数《がいすう》）を表す

数十人，二，三日，幾十年など

③慣用的な語

一応，一般，一字一句，第一印象，一部分など

④「ひと」「ふた」「み」などと読むとき

一つ，二つ，一休み，お二方，三つ子，三つぞろいなど

「イッカクで書ける漢字は二つある」

次の文章の下線部分を漢字で書いてみてください。
数字の書き表し方の復習です。

テレビの，あるクイズ番組で「イッカクで書ける漢字が，漢数字のイチのほかにもうヒトつだけある。どんな字ですか」という問題が出た。シゴニンの文化人とタレントとが解答者だったが，とっさに答えられたのは，ヒトリだけだった。

答えは「乙」で，ふたを開けてみれば，何でもない。

正解は，「一画」「一」「一」「四，五人（四五人）」「一人・１人」の順になりますが，いかがでしたでしょうか。

それにしても，一画で書ける漢字のもう一つが「乙《おつ》」とは，思いも寄らないことでした。テレビ局も乙な問題を出すものです。

7 句読点（区切り符号）の付け方

[1] 出題の傾向

区切り符号というのは，「。」「，」などのことで，意味の関わり具合をはっきりさせるために用います。

なお３級の試験では，句読点だけの問題を取り上げての出題はありません。「1 総合」で問われるのがほとんどでしょう。では，次に句点（。）と読点（，）の打ち方について説明します。これをもって対策としてください。

[2] 対策

まず，正しく文章の意味を把握することが大切です。句読点というのは，意味を正確に伝えるためのものだからです。

また，文のリズムをよくするために，打つことを心掛けるべきです。これによって，読みやすい，効率のよい文章に仕上がります。

なお，解答例と若干打つ場所が違っていても，全体の文意を損なうことなく打っていれば，特に問題はありません。

❶・・・句点

句点「丸（。）」は，一つの文を完全に言い切ったところに用います。

❷・・・読点

読点「コンマ（,）・点（、）」は，文の中で言葉の切れ続きをはっきりさせるために用います。次に，その基準を示しておきましょう。

①主題の語の後

次年度の事業計画は，大掛かりなものになるようだ。

当社は，来年から社名を変更することになった。

②文の最初の接続の言葉の後

しかし，現実には難しい問題だ。

ついては，折り返しご回答願います。

③条件や仮定などを表す語句の後

１カ月以内なら，納品は可能です。

大雨のため，新幹線がストップしている。

部長の話によると，今期の目標達成は難しいそうだ。

④時や場所などの後

本日，確かに受け取りました。

明日，本社ロビーで，お待ちしています。

⑤対等に並んだ語句が長いとき，その間に打つ

商品企画を担当する部門と，販売促進を担当する部門とがある。

⑥語句を並べたとき

総務部，人事部，営業部，開発部それぞれの役割を知る。

⑦意味を正しく伝えるために

課長は，熱心に企画の話をする山村の話に聞き入っていた。

課長は熱心に，企画の話をする山村の話に聞き入っていた。

⑧その他

「もちろん」「もしも」「なぜ」などの語の後に打ちます。

以上が，基本的な句読点の打ち方の例です。

「ぎなた読みって何なの」

『ことばの道草』（岩波書店辞典編集部編，岩波新書）の中に，
こんな一節がありました。

句読点が一般的になったのは明治以後。読点がないと、「弁慶が／なぎなたを持って」を「弁慶がな／ぎなたを持って」などとやりかねない。これが「ぎなた読み」。近松門左衛門の「二重にしてくびにかける数珠《じゅず》」も、読点がないと首か手首かわからない例。

いかがでしょうか。この事例から，句読点には，文を読みやすくすることと，正しく意味を伝える役割があることが分かります。

ちなみに，明治以前にはなぜ，句読点がなかったかというと，巻紙に毛筆でさらさらと，手紙を書いていたからだそうです。

なお，賞状などには句読点がありませんが，それはその名残です。

3 用　語

1 一般の用語

[1] 出題の傾向

ここでいう「一般の用語」とは，日常，よく目に触れるものを指します。3級では，特に書き誤りやすいものを中心に出題しています。次の問題を見てください。

問10 下の各文の下線部分を漢字で書くと，「疑」か「擬」のいずれかになります。それぞれ意味が違うので書き分けが必要になります。では，「擬」を書くのはどれか，次の漢字の意味を参考にして，適切と思われるものを一つ選び，番号で答えなさい。

＜漢字の意味＞
「疑」　疑う
「擬」　似せる

(1) 半信半ギ。
(2) ギ義をただす。
(3) 模ギ店を出す。
(4) 懐ギ的な意見。
(5) 質ギ応答

適切な選択肢は（3）「模擬店」になります。

このように3級では，「漢字の意味」を参考に選択していく問題が中心になりますが，次のような選択肢の問題もあります。

問11 次の各文の下線部分の中で，漢字が間違っているものを一つ選び，番号で答えなさい。

(1) 規模の縮小。
(2) 過少な評価。
(3) 最小限の要求。
(4) 売り上げの減少。
(5) 希少価値のある書物。

不適切な選択肢は (2) になります。正しくは「過小」です。

3級では，前出の問題のように，選択肢での出題が中心になります。

いずれにせよ，似た字形のものや同音のものが中心になりますので，十分に注意して臨んでください。

[2] 対策

出題の傾向でも示したように，一般の用語は，似た字形のものや同音のものを中心に出題されます。次にその代表的なものを「書き誤りやすい漢字」として一覧にしておきました。正しい字形を気にしながら見て，目に焼き付けてください。これで正誤の判断力が確実に身に付きます。

悪循環《あくじゅんかん》	(×悪循還)
身の上を**案じる**	(×安じる)
遺失物《いしつぶつ》	(×遣失物)
一概《いちがい》に言えない	(×一慨)
一周年の記念式典	(×一週年)
一緒に出掛ける	(×一諸)
意味深長《しんちょう》	(×慎重)
憂《う》**き目**を見る	(×浮き目)
仕事を**請**《う》**け負**《お》**う**	(×受け負う)
往々《おうおう》にして失敗する	(×応々)
来客**応対**	(×応待)
往復の時間	(×往複,住復)
ジレンマに**陥**《おちい》**る**	(×落ち入る)
快適な住居	(×快的)
過小評価	(×過少評価)
過少申告	(×過小申告)
本を**借りる**	(×貸りる)

確信を持つ	(×確心)
歓迎会	(×観迎会)
感銘《かんめい》を与える	(×感名)
機嫌《きげん》を取る	(×気嫌)
興味津々《きょうみしんしん》	(×興味深々)
危機一髪《ききいっぱつ》	(×危機一発)
偶然の出来事	(×遇然)
経済学の**講義**をする	(×講議)
戸別《こべつ》訪問	(×個別訪問)
始末が悪い	(×仕末,始未)
色を**識別**する	(×織別)
試行錯誤《しこうさくご》	(×思考錯誤)
週刊誌	(×週間誌)
祝儀《しゅうぎ》	(×祝義)
拾得物《しゅうとくぶつ》	(×捨得物)
事態の**収拾**《しゅうしゅう》	(×収捨)
終始一貫《しゅうしいっかん》	(×一環)

所用のため外出する	（×所要）
所要時間	（×所用）
純真な気持ち	（×純心）
徐行運転	（×除行）
除幕式	（×徐幕式）
心機一転《しんきいってん》	（×心気一転）
専門知識	（×専問）
営業**成績**を上げる	（×成積）
責任を転嫁《てんか》する	（×積任）
絶対にない	（×絶体）
善後策を講じる	（×前後策）
組織の再編成	（×組識）
率先《そっせん》して行う	（×卒先）
大義名分《たいぎめいぶん》	（×大儀名文）
待遇が良い	（×待偶，対遇）
端的《たんてき》に言う	（×単的，短的）
致命的	（×到命的）
帳簿に書き込む	（×帳薄）

貯蓄に励む	（×貯畜）
逐次《ちくじ》報告する	（×遂次）
遅滞《ちたい》なく申し出る	（×遅帯）
重複《ちょうふく》した内容	（×重復，重腹）
抵抗する	（×低抗，底抗）
抵当権《ていとうけん》の設定	（×低当権）
意見を**撤回**《てっかい》する	（×徹回）
二束三文《にそくさんもん》の値打ち	（×二足三文）
破壊《はかい》する	（×破懐）
派遣《はけん》社員	（×派遺）
必需品《ひつじゅひん》	（×必儒品）
憤慨《ふんがい》して退席した	（×憤概，奮慨）
奮起一番《ふんきいちばん》	（×奮気，憤気）
資料の**紛失**	（×粉失）
数字を**分析**する	（×分折）
弊害を除く	（×幣害）
間近《まぢか》に迫る	（×目近）
利殖《りしょく》でもうける	（×利植）

なお，一般用語については，漢字の読み方も出題される可能性がありますので，その代表的なものを参考までに挙げておきましょう。

委任状（いにんじょう）　異論（いろん）　画期的（かっきてき）

休憩（きゅうけい）　慶弔（けいちょう）　迎合（げいごう）
懸念（けねん）　顕著（けんちょ）　万全（ばんぜん）
所期の目的（しょきのもくてき）　是正（ぜせい）　措置（そち）
矛盾（むじゅん）　暴落（ぼうらく）　暴露（ばくろ）
会釈（えしゃく）　遂行（すいこう）　発起人（ほっきにん）
恒例（こうれい）　右往左往（うおうさおう）　打開策（だかいさく）
慎重（しんちょう）　過渡期（かとき）　新機軸（しんきじく）
是々非々（ぜぜひひ）　冠婚葬祭（かんこんそうさい）
妥協（だきょう）　円滑（えんかつ）　示唆（しさ・じさ）
成就（じょうじゅ）　出納（すいとう）　真偽（しんぎ）
凡例（はんれい）　赴任（ふにん）　発足（ほっそく）

2 同音異義語と異字同訓語

1-1 同音異義語

[1] 出題の傾向

同音異義語とは「鑑賞・観賞」のように，読み方は同じでも意味の違う言葉（漢語）のことです。

3級での同音異義語は，基本的な語が使い分けることができるかどうかの判断力を問うています。それを，次の問題から見てみましょう。

問12 「イギ」を漢字で書くと,「異議」「異義」「意義」「威儀」の四つになりますが，それぞれ意味が違います。では，下の各文の下線部分には，どの語を用いればよいか，次の各語の意味を参考にして答えなさい。

＜意味＞
異議＝異なる意見　　異義＝異なる意味
意義＝意味と価値　　威儀＝きちんとした態度と服装

(1) 会議で「イギなし」の声が出た。
(2) 歴史的に「イギのある仕事」である。
(3)「同音イギ」という四字熟語がある。
(4) 選挙演説に,「イギを唱える」人がいた。
(5) 式場へは「イギを正して」行くように言われた。

【解答】(1) 異議 (2) 意義 (3) 異義 (4) 異議 (5) 威儀

いかがでしょうか。同音異義語の問題では，まず語の意味を示して，これを参考に解答するようになっています。例えば,「会議でイギなしの声が出た」では,「異なった（異）意見（議）」は出なかったので,「異議なし」となるわけです。

[2] 対策

出題の傾向でも示したように，同音異義語の出題では，最初にそれぞれの語の意味の説明をしています。そして，これに基づいて解答していくものですから，後は，選択肢の用例を読み，どの語が的確か判断していけばよいわけです。

さて，その判断の手掛かりですが，それは，やはり用例です。例えば,「机をどこかに移し動かす」のは移動で「地位や職務，勤務先が異なる」のは異動というようにです。

実際に，試験問題に取り組む際も，このように言葉を置き換えながら，慎重に答えを出していくようにするとよいでしょう。

1-2 異字同訓語

[1] 出題の傾向

異字同訓語とは，「会う・合う・遭う」のように，同じ読み方でも，字の違う言葉（和語）のことです。

なお，異字同訓語も先の同音異義語と同様の形式で出題されています。それが，次の問題です。

問13 下の各文の下線部分を漢字で書くと，「押」か「推」のいずれかになります。それぞれ意味が違うので書き分けることが必要になります。では，どちらの漢字を書くのがよいか，次の書き分けの例を参考にして，答えなさい。

＜書き分けの例＞

押＝ボタンを押す，駄目を押す，など

推＝推して知るべし，人物を推す，など

(1) 念をオす。

(2) 議長にオす。

(3) 反対をオして実行する。

(4) 判でオしたような対応。

【解答】(1) 押 (2) 推 (3) 押 (4) 押

異字同訓語は，まず＜書き分けの例＞を示して，これを手掛かりに解答するようになっています。例えば，「議長にオす」は，＜書き分けの例＞に「人物を推す」とありますから「議長に推薦する」，すなわち，「議長に推す」というようになるわけです。

このように，＜書き分けの例＞を辞書代わりにして，各項の用例に当てはまるものを選んでいけばよいでしょう。

[2] 対策

異字同訓語の出題では，最初にそれぞれの語の＜書き分けの例＞を示しています。そして，これに基づいて解答していくものですから，後は，各項の用例を読み，どの語が的確か判断していけばよいでしょう。

さて，その判断の手掛かりですが，その一つに置換法があります。「社員のつとめ」の場合は「任務」だから「務め」，「会社につとめる」場合は「勤務」だから「勤める」，「能率向上につとめる」のは「努力」だから「努める」と考えていく方法です。常に別の語に置き換えて判断していくわけです。

なお，同音異義語と異字同訓語については『ビジネス文書検定受験ガイド 1·2級』で，一覧にしてまとめています。参考にしてください。

3 慣用の手紙用語

[1] 出題の傾向

ビジネス文書を能率的に書き進めて行く上で，欠かすことのできないものの一つに慣用語句があります。

この領域では，一般的な社内文書・社外文書の中でよく使われている言葉を中心に出題されています。次の例題を見てください。

問 14 次の文章は，出張訪問の礼状の一部です。この中の下線部分を漢字で書きなさい。

(1)ハイケイ　(2)キシャますますご(3)ハッテンのこととお喜び申し上げます。

　さて，先般の(4)キチ出張に際しては，ご(5)ハンボウ中にもかかわらず，(6)カクベツのご(7)コウハイを(8)タマワり，(9)アツく(10)オンレイ申し

> 上げます。おかげさまで予定の任務を果たし，昨夜無事帰京いたしました。
>
> 今後とも変わらぬご(11)シエンご(12)キョウジのほど，お願い申し上げます。
>
> まずは，取りあえず，(13)ショチュウをもってオンレイ申し上げます。
>
> (14)ケイグ

【解答】 (1) 拝啓　(2) 貴社　(3) 発展　(4) 貴地　(5) 繁忙　(6) 格別　(7) 高配　(8) 賜　(9) 厚　(10) 御礼　(11) 支援　(12) 教示　(13) 書中　(14) 敬具

以上は書き取りでの例題でしたが，「漢字の読み」を問う場合もあります。それが，次のケースです。

問15 次は，展示会に出席してくれた人に対する礼状の一部です。この礼状をパソコンで清書するように上司から指示された場合，この中の下線部分は，何と入力すればよいか，それぞれの「漢字の読み方」を平仮名で答えなさい。

> 貴社ますますご(1)隆盛のこととお喜び申し上げます。(2)平素はひとかたならぬご(3)愛顧にあずかり，厚く(4)御礼申し上げます。
>
> さて，先般，開催いたしました当社新製品「OP－2」の展示会に際しましては，ご(5)多忙中にもかかわらずご(6)来場を賜り，誠にありがとうございました。
>
> 今後も，社員(7)一同，皆様のご期待にお応えできるよう，(8)鋭意

> 努力いたす(9)所存でございますので，何とぞ(10)一層のご支援を賜りますようお願い申し上げます。
>
> まずは，御礼かたがたお願い申し上げます。

【解答】(1) りゅうせい　(2) へいそ　(3) あいこ　(4) おんれい
(5) たぼうちゅう　(6) らいじょう　(7) いちどう
(8) えいい　(9) しょぞん　(10) いっそう
※「鋭意」とは，「一生懸命励む」という意味で「所存」とは，「考え（つもり）」という意味。

[2] 対策

3級では，手紙用語の「読み」を中心に出題されていますが，漢字の書き表し方も確実に身に付けておいてください。「2用字」の領域で出題されているものは，そのほとんどがビジネス文を題材としているからです。

なお，慣用の手紙用語を習得するためには，用語だけを覚えるのではなく，「まずは，取りあえず，御礼《おんれい》かたがたご通知申し上げます」というように，一文丸ごと覚えてしまった方が効率的です。何より，ビジネス文書の文体・リズムが身に付きます。

では，その基本的な慣用語を挙げておきましょう。

慣用語	意　味	用　例
拝啓と敬具（対応して使う）	謹《つつし》んで申し上げます	拝啓　時下ますますご清祥のこととお喜び申し上げます。
	謹んで申し上げました	ごあいさつ申し上げます。敬具

拝復と敬具 （対応して使う）	謹んでお答えします	拝復　○月○日付のお手紙，拝受いたしました。 拝復　毎々格別のご高配にあずかり，誠にありがたく厚く御礼申し上げます。
	謹んで申し上げました	まずは，取りあえず，ご回答申し上げます。敬具
前略と草々 （対応して使う）	あいさつを省略させていただきます	前略　取り急ぎ用件のみ申し上げます。
	ぞんざいな走り書きで，失礼しました	まずは，ご通知申し上げます。　草々
ご発展 ご隆盛《りゅうせい》	会社の繁栄をお祝いします（会社宛ての場合に使う）	ますますご発展（ご隆盛）のことお喜び申し上げます。
ご健勝 ご清祥《せいしょう》 ご清栄《せいえい》	あなたが健康で無事に暮らしていることを喜んでいます（個人宛ての手紙の場合に使う）	ますますご健勝（ご清祥・ご清栄）のこととお喜び申し上げます。
ますます	より一層 さらに	拝啓　貴社ますますご発展のこととお喜び申し上げます。
さて	ところで	さて，○月○日付のお手紙，拝見いたしました。
つきましては	そこで そのことに関して	つきましては，本日，改めてお送りいたしましたので，ご検収くださいますよう，お願い申し上げます。

何とぞ	どうか	何とぞ，ご高配のほど，お願い申し上げます。
毎々《まいまい》 **ご愛顧《あいこ》**	いつも（毎度） ひいき	毎々格別のご愛顧を賜り，誠にありがとうございます。
時下《じか》	このごろ（どの時季でも使える）	拝啓　時下ますますご清祥のこととお喜び申し上げます。
このたび	今度（こんど）	このたび当社は，下記の通り本社を移転することになりました。
査収《さしゅう》 **検収《けんしゅう》**	調べて受け取る	別便にて，ご注文の品をお送りいたしましたのでご査収（ご検収）ください。
まずは	何はともあれ	まずは，お願い申し上げます。
取りあえず	差し当たり	まずは，取りあえず，ご返事申し上げます。
かたがた	～のついでに ～を兼ねて	まずは，おわびかたがたお願い申し上げます。
略儀《りゃくぎ》ながら **書中《しょちゅう》をもって**	略式ですが手紙で	まずは，略儀ながら書中をもって，ごあいさつ申し上げます。
取り急ぎ	取りあえず 急いで	まずは，取り急ぎご通知申し上げます。

④ 書　式

1 横書き通信文の構成とレイアウト

[1] 出題の傾向

ビジネス文書は，どの位置にどのようなことを書くかが決められています。これを書式といいます。従って，ビジネス文書を効率的に作成するためには，この書式（レイアウト）を正確に覚えておくことが必要です。その書式を問うているのが，次の問題です。

問 16 ビジネス文書は，どの位置にどのようなことを書くかが決められています。これを書式といいます。ビジネス文書を効率的に作成するためには，まずこの書式を正確に覚える必要があります。では，次の社内文書の書式の中の[　　　]部分には，下の語群のどれが該当するか。適切と思われるものを選び，番号で答えなさい。

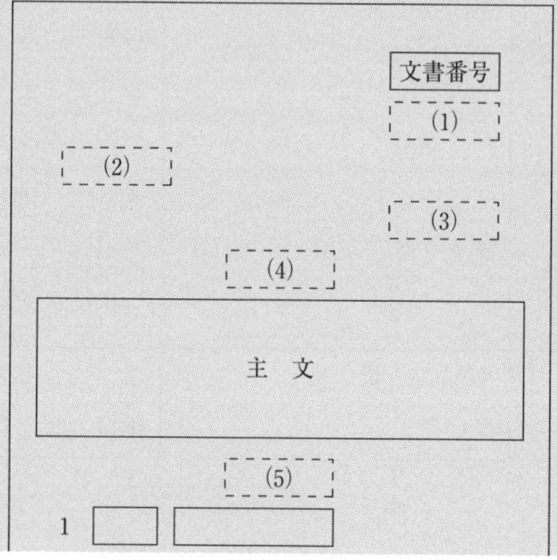

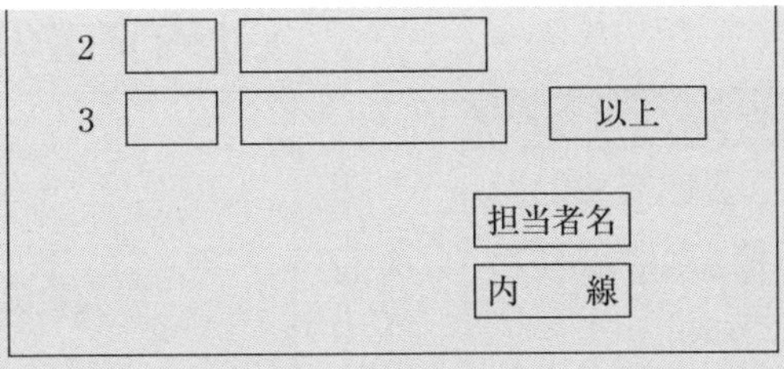

＜語群＞

①表題　②受信者名　③記　④発信者名　⑤発信日付

【解答】(1) ⑤発信日付　(2) ②受信者名　(3) ④発信者名
(4) ①表題　(5) ③記

いかがでしょうか。上掲の問題は社内文からのものですが，同様の形式で，社外文の書式を問う場合もあります。でも，この問題は，レイアウト（書式）さえ覚えてしまえば，確実に答えられるものですから，次項の「対策」でしっかり身に付けておいてください。問われるものは，文書番号，発信日付，受信者名，発信者名，表題（タイトル），主文，などの位置関係だけです。

[2] 対策

次に示す「ビジネス文書の書式（レイアウト2例）」を身に付けておけば，それで対策は万全です。確実に覚えておいてください。

〔社内文書の書式〕

受信者名
宛て先によって敬称を使い分ける（「課長各位」とは課長の皆様方へという意味）。

前付け

□課長各位

本文

平成

主文　□標記の説明会を下記の通

記書き
要件が複数あるときは一連の番号を付けて,箇条書きで書く。

記書き

□1　日　時　12月22日
□2　場　所　第1会議
□3　資　料　添付資料

追伸
補足的なことや念を押しておきたいときに書く。「なお」から書き始める。「追って書き」ともいう。

後付け

□□なお，添付した資料
意してください。

□添付　平成○年度予算

添付する資料があるときは,この項を作る。2通以上あるときは,一連の番号を付ける。

経 発 第 8 8 号□
平成○年12月18日□

経理部長□

度予算説明会

催するので，出席してください。

記

）9時から11時まで
本社ビル7階）
参してください。

係者外秘なので，取り扱いに注

について　　　　以上□

担当　経理課　小林□□□
（内線　840）

文書番号
メモ・案内状などの軽易なものには不要。

発信日付
元号が普通だが，会社によっては西暦も使われる。

発信者名
普通は課長以上。職名のみを書き，氏名・印は省略してよい。

表題（件名）
内容を端的に表すようにする。

中央に書く

担当者名
直接の担当者がいる場合はここに書く。問い合わせ用に内線番号を書くとよい。

〔社外通信文書の書式〕

受信者名
(株)などと略さずに正確に書く。敬称(様・殿・御中・各位等)は宛て先によって使い分ける。

発信者名
受信者と対応する職位にする。普通は課長以上。

頭語
普通は「拝啓」「拝復」「前略」の三つで間に合う。ただし,「前略」は前文を省いたときだけ。

記書き
社内文書の場合と同じ。

追伸
社内文書の場合と同じ。

同封物があるときは,この項を作る。2通以上あるときは,一連の番号を付ける。

前付け

□守山電器株式会社
□□川崎工場長　下田　徹

本文

貴工

前文
拝啓　貴社ますますご発展

主文
□さて，当社では，5月6
により実施いたしますが，
生産工程の見学に組み入れ
□つきましては，ご多忙中
を見学させていただければ
□誠に勝手なお願いで恐縮
ろしくお願い申し上げます。

末文
□まずは，ご依頼申し上げ

記書き
□1　日　時　　5月15日(金
□2　見学者　　当社新入社
□3　引率者　　人材開発課

後付け

□□なお，正確な人数は，

□同封　平成○年度新入社

人 発 第１２号□
平成○年4月8日□

株式会社宇田川商事
人事部長　川島　弘一 ㊞

学のお願い

ととお喜び申し上げます。
ら新入社員研修を，同封の計画表
うちの１日を，当社取り扱い品の
と考えております。
入りますが，下記の予定で貴工場
でございます。
ございますが，ご高配のほど，よ

。

敬具

記

時から約2時間
15名
北村健二

までにご連絡いたします。

修計画表　1通

以上□□

担当　人材開発課　小野□□□□
電話　(03)3200-6675

文書番号

案内状や社交文書などには書かない。

発信日付

社内文書の場合と同じ

個人印と職印の使い分けは，会社の「文書取扱規定」や「公印規定」などに従うのがよい。（現在では省略されることが多い）

表題（件名）

社内文書の場合と同じだが，社外文書の場合，丁寧さも必要となる。

頭語が「拝啓」「拝復」のときは「敬具」を書く。「前略」のときは「草々」にする。書き忘れに注意。

担当者名

社内文書の場合と同じ。（問い合わせ用の電話番号は外線番号にする）

「新年明けましておめでとうございます」

ある御仁がこのような文面の年賀状をもらったとき，こう言いました。「冗談じゃないよ。去年の暮れから風邪を引いて寝込んでいるんだ。少しもめでたくないよ。しかもこの年賀状は，形式的で心がこもっていない」と。

でも，実はこれ，身勝手な物言いなのです。この年賀の言葉には，人間関係そのものに深く根ざした意味があるのです。それを歴史学者の樋口清之さんは，次のように語っています。

古代の日本人は、言葉はたんなる記号ではなく、語られた言葉は実体をもつと考えていました。一種の言語呪術信仰です。ですから、「おめでとう」という言葉を言ったり、送ったりすることによって、相手がほんとうにめでたくなると思うわけです。この言葉の呪術的な信仰がのちに年賀状や中元状という手紙につながっていきました。

正月一日というのは、実は農業労働の切れ目であり、節目です。この日に相手を祝福してあげると、相手はむこう一年間、安全に農業を営め、収穫をおおいにあげられるのです。（『日本の風俗の謎』大和書房）

いかがでしょうか。別の言葉で言えば，これは「祝福語」なのです。この配慮がビジネス文書における「ますますご発展のこととお喜び申し上げます」に残っているわけです。

ちなみに，「おはよう」や「こんにちは」「こんばんは」なども本来は祝福語だそうです。正に「言葉は文化」の事例です。

推薦図書

山田忠雄・柴田武・酒井憲二・倉持保男・山田明雄編
『新明解国語辞典第7版』（三省堂）

山田俊雄・築島裕・小林芳規・奥田勲編
『新潮現代国語辞典第二版』（新潮社）

金田一京助・佐伯梅友・大石初太郎・野村雅昭編
『新選国語辞典第9版』（小学館）

「表記技能」の総合対策

確認と復習を兼ね，『ビジネス文書検定実問題集3級』や巻末の「実戦テスト」から，「Ⅰ表記技能」の領域を完全にマスターしておきましょう。

第Ⅱ章

表現技能

正確な文章

分かりやすい文章

礼儀正しい文章

1 正確な文章

1 よじれのない文が書ける

[1] 出題の傾向

文章を読んでいて「どこか変だな」と思うことがあります。これが,「よじれのある文」です。読み手に負担を掛けてしまう悪文の一つといってもよいものですが，それを次の例題から見てみましょう。

問1 ①の「文例」は,「一向に～ない」という文の形式を無視しているため，文が整っていません。ただし,「感じられる」を「感じられない」に直せば意味が整います。このように文の一部を修正したり削除したりすることを「文を整える」といいます。では，②の「問題」の文は，どのようにすれば意味が整うか，③の中から適切と思われるものを一つ選び，番号で答えなさい。

①【文例】

ない
彼は一向にマナーがよくなる気配が感じられる。

②【問題】

Ａ社は，恐らく新たな市場に目を向けて新製品を発表したのだ。

③－(1)「恐らく」を「多分」にするのがよい。
(2)「恐らく」を「決して」にするのがよい。
(3)「発表したのだ」を「発表したのだろう」にするのがよい。
(4)「発表したのだ」を「発表したのではない」にするのがよい。

いかがでしょうか。適切な選択肢は (3) になります。「恐らく」は「～だろう」という言葉と呼応して出来上がっている文であるからです。従って，この文は，「A社は，恐らく新たな市場に目を向けて新製品を発表したのだろう」になります。

また，次のような形式で出題される場合もあります。

問 2 ①の「文例」は，一つの文に同じような意味の言葉が二つあるため，文が整っていません。ただし，「の指示」を削除すれば，整います。では，②の「問題」の文は，どのようにすると文が整うか。③の中から適切と思われるものを一つ選び，番号で答えなさい。

①【文例】

7月1日付で，関連会社への出向~~の指示~~を命じられた。

②【問題】

今回の台風による被害額は，およそ約1,500万円ほどである。

③－(1)「およそ」を削除するのがよい。
(2)「約」を削除するのがよい。
(3)「ほど」を削除するのがよい。
(4)「およそ」と「約」を削除するのがよい。

適切な選択肢は（4）になります。「1,500万円ほど」なら，同じような意味の「およそ」と「約」は必要ないからです（①「文例」の場合は，「指示」と「命じられた」がほぼ同じ意味）。なお，この場合も選択問題ですが，不要な語句を削除する形式のものもあります。前出の問題を，それに従って解答すると次のようになります。

今回の台風による被害額は，~~およそ約~~1,500万円ほどである。

いずれにせよ，3級では解答するための手掛かりを設問で示し，それに基づいて解答していく形式が中心になります。丁寧に設問と具体的な事例を示してある「文例」を読めば，必ず正解にたどり着きます。

[2] 対策

設問とその具体的な事例を示している「文例」を読めば，十分に対応できます。なお，対策としては，①文の形式（決まり事）を覚えておくこと。②同じような意味の言葉の重複に注意する。の2点になるでしょう。

①文の形式

「恐らく」は，多分の意味ですから，その後に来るのは推測の言葉「～だろう」が必要です。これによって，文が整い，正しく意味が伝わります。以下に同様の事例を挙げておきます。

決して〜ない（しない，でない，ではない）
不況時の出来事は，決して忘れることはできません。
断じて〜ない
断じて許さない。
必ずしも〜ない（でない，ではない）
必ずしも万全とは言えない。
恐らく（多分）〜だろう（であろう）
今期の売り上げは，恐らく達成できるであろう。
たとえ〜でも（しても，だとしても）
たとえ仕事が深夜に及んでも構わない。
全然（全く）〜ない
全然話が通じない。

これは，予告の言葉（叙述の副詞）ともいわれているもので，最後まで読まなくても，否定や仮定，推量の文であることが分かる言葉です。

②同じような意味の言葉の重複に注意する

この形式の問題も，設問で「一つの文に同じような意味の言葉が二つある」と，問題を解く鍵を示しているので，ここにポイントを絞って解答していけばよいでしょう。

例えば，次の問題文。

> 採決の結果，賛成が過半数を超えた。

ここでは，「過（半数）」と「超えた」は同じ意味ですから，次のように二重線で削除します。

採決の結果，賛成が~~過~~半数を超えた。

2 類義語を使い分ける

[1] 出題の傾向

類義語とは，例えば「講義」と「講演」などのように，意味が似ている言葉のことをいいます。3級では，基本的な語を中心に，出題されます。それを，次の実問題から見てみましょう。

問3 「応対」「応接」「接待」は意味が似ているので，使うのに注意が必要です。では，下の各文の下線部分にはどの言葉が入るか，次の意味を参考にして答えなさい。

〈言葉〉　〈意味〉
応対　＝　言葉での受け答え
応接　＝　直接会って相手をする
接待　＝　飲食でもてなす

(1) 電話で____する。
(2) 得意先を料亭で____する。
(3) 来客を____室へ案内する。

【解答】(1) 応対 (2) 接待 (3) 応接

3級の類義語の問題は，まず言葉の意味を示して，これを手掛かりに解答するようになっています。例えば，「応対」は「言葉での受け答え」とあるので，これに該当する選択肢（用例）は「電話」しかありません。従って「電話で応対する」となるわけです。

このように，言葉とその意味を踏まえて判断すれば，難なく解答できます。

[2] 対策

前述したように，類義語の出題では，最初にそれぞれの語の意味の説明をしています。そして，これに基づいて解答していくものですから，後は各項の用例を読み，どの語が適切なのかを判断していけばよいわけです。従って，ここでの「対策」の要《かなめ》は，設問を丁寧に読むということになります。

なお，類義語には，どのようなものがあるかについては，『ビジネス文書検定受験ガイド1･2級』から「類義語一覧」を参照してください。

3 正しく伝えるための基本

[1] 出題の傾向

審査基準には，「曖昧な用語や二通りに解釈できるような語句について，一応，知っている」とありますが，３級では，その基本に当たる用語の約束事（「未満」や「以上」など数量に関する用語の基本的な使い方）を中心に出題しています。次の実問題から，それを見てみましょう。

問４ 数量に関する表現で使う語に，「以上」「以下」「超える」「未満」などがあります。意味はそれぞれ次の通りです。では，下の枠内の下線部分は，どの語にするのがよいか，答えなさい。

＜意　味＞
「以上」「以下」はその数を含む。
「超える」「未満」はその数を含まない。

「51名から99名まで」の場合は，「51名 ① 100名 ② 」と書く。

【解答】①以上　②未満

数量に関する問題では，「以上」「以下」などの言葉の意味を示して，これを手掛かりに解答するようになっています。設問にある「意味」を踏まえて記述していけば，間違いなく正解にたどり着きます。

[2] 対策

類義語の「出題の傾向」と同様に，ここでもそれぞれの語の意味の説明をしています。従って「対策」は，設問を丁寧に読むということに尽きます。

なお，この「数に関する用語」には，どのようなものがあるかについては，『ビジネス文書検定受験ガイド 1･2級』から，その一覧を参照してください。意味と用例を挙げています。

「二つとも，もらえるんじゃないの」

あるお店での出来事。店内の販促ポスターに，こんなことが書いてありました。「1万円以上お買い上げのお客さまにはA品を，1万円以下のお客さまにはB品を差し上げます」。

これを見たお客さま。早速，店員にこう言った。「わたし，ちょうど1万円の買い物をしたの。A品とB品の二つとももらえるわよね。」このお客さま，よく分かっていらっしゃる。「誠にその通り」，二つとももらえるのです。店員さんは茫然自失《ぼうぜんじしつ》の体《てい》。

これは，「以下と以上」の意味を曖昧に解釈していたことによる，いわば，ちょっとした出来事ですが，でも，これはちょっといただけない。

では，これを「1万円を超えてお買い上げのお客さまには，A品を，1万円以下のお客さまにはB品を差し上げます」としたら，どうでしょうか。くだんのお客さまも納得の「B品」をもらって，お帰りになるのではないでしょうか。

2 分かりやすい文章

1 表題（件名）が付けられる

[1] 出題の傾向

すでに「横書き通信文の構成とレイアウト」で学習した通り，文書には，原則として内容を簡潔に表した表題を付けます。

表題の付け方については，3級では，簡単な社内文書が中心になります。その例を次の実問題から見てみましょう。

問5 ビジネス文書の表題とは，表題を読めば，その文書の内容が分かるようになっているもののことをいいます。例えば「営業会議開催の通知」や「賞与の支給について（通知）」などです。では，次の社内文書にはどのような表題を付けるのがよいか。下の中から適切と思われるものを一つ選び，番号で答えなさい。

> 7月15日付で，K電鉄の運賃が改定されます。これに伴い，通勤定期代も改定になるので，利用者は，所属長の承認を受けた上，22日までに当課へ「通勤費変更届」を提出してください。

(1) K電鉄ご利用の皆様へ
(2) K電鉄利用者へ（至急）
(3) K電鉄運賃改定のお知らせ
(4) K電鉄の運賃改定について（案内）
(5)「通勤費変更届」の提出について（通知）

適切な選択肢は (5) になります。この文書を最後まで読んでいくと，

「通勤費変更届」を提出しなさいと書いてあるからです。従って，この文書は「運賃改定のお知らせ」ではなく，「運賃が改定になったので，『通勤費変更届』を速《すみ》やかに提出しなさい」という趣旨の文書になるわけです。「**文書の最後に正解ありき**」です。なお，３級ではそのほとんどが選択問題です。

[2] 対策

まず，次の文章を読んでください。

> 今年もお中元を贈る時季になりました。
> ついては，例年通り得意先への送付を一括して行うので，６月29日（月）までに，総務課田辺あて，送付先名簿を提出してください。
> なお，予算は昨年と同額で，１件につき5,000円です。

(1) お中元の購入について（案内）
(2) お中元の購入予算について（通知）
(3) お中元購入額決定のお知らせ
(4) お中元送付先名簿の提出について（通知）
(5) お中元送付先名簿ご提出のお願い（依頼）

いかがでしょうか。適切な選択肢は(4)「お中元送付先名簿の提出について（通知）」になりますが，この表題を導き出すためには，次の手順で取り組んでいけばよいでしょう。

①文書をよく読み，趣旨をつかむ
②文書の発信者は，最終的に何を伝えたいのか，何を求めているのかを考える。そして，その箇所が「表題」の対象になることを知る
③社内文書として，適切な書き表し方をしている表題を選ぶ

では，この手順で［前出］の問題を解いてみましょう。

この文書では，「中元を贈る時期になった。ついては，得意先への送付を一括して行うから，その名簿を提出してくれ」が趣旨になります。

さらに，最終目的としては，「名簿を提出しなさい」と受信者に行動を起こさせることにあります。従って，この箇所が表題になりますから「お中元送付先名簿の提出について（通知）」が選択されていくわけです。

なお，(5) の「お中元送付先名簿のご提出のお願い（依頼）」は (4) と同じ意味内容で，より丁寧な書き方になっていますが社内文書では，丁寧さよりも「名簿を提出しなさい」という通知を優先しますから，この書き表し方では不適切になるわけです。 また，(5) には「お願い」と「依頼」という同じ意味の語が重複して使用されているので，その意味でも不適切です。

なお，(1)「お中元の購入について」や (2)「お中元の購入予算について」はいずれも補足説明にすぎず，この文書を発信した最終目的ではありません。

2 箇条書きなどを使って，文章を分かりやすくすることができる

1-1 文章を箇条書きにすることができる

[1] 出題の傾向

箇条書きとは，内容を幾つかに分け，項目立てをして，一つ一つ書き並べる書き方のことです。こうすることによって，伝えたい内容が見た目にも分かりやすくなります。その技能を問うているのが次の問題です。

問 6 文書に項目を書くとき，幾つもあるときは続けて書かずに，①の「文例」のように，別々に書いた方が分かりやすくなります。このように続けて書く書き方を「箇条書き」といいます。では，②の「問題」の文章を箇条書きにするとどのようになるか。①の書き方を参考にして，箇条書きにしなさい。

①【文例】

広報課が担当する主な業務は,次の通りである。
1　広告業務
(1) 広告企画の立案
(2) 広告掲載
2　販促ツールの製作業務
(1) ポスター・カタログの製作
(2) プレミアムの製作
3　上記に関連する広告代理店との折衝

②【問題】

総務課が担当する業務は，社印および社長印を保管すること，社員の人事に関する庶務，役員の文書の受信・発信，什器・備品を管理すること，社員研修の実施および上記に関するその他の事務である。

【解答例】

総務課が担当する業務は，次の通りである。
1　社印および社長印の保管
2　社員の人事に関する庶務
3　役員の文書の受信・発信
4　什器・備品の管理
5　社員研修の実施
6　上記に関するその他の事務

ここでは，箇条書きの「文例」を参考にして，問題文に取り組んでいく形式が主になります。解答する際の手掛かりがあるので，この箇条書きの「型」に従って作成していけばよいでしょう。

なお，箇条書きの題材としては，総務や経理，営業など「会社の仕事」に関するものが中心になるでしょう。

[2] 対策

①箇条書きの書き表し方

参考文例に従って書き表していきます。これは，「社印および社長印を保管すること」などと書かないということです。なぜなら，前文で「総務課が担当する業務は，次の通りである」とあるわけですから，箇条書きの部分で再度，「すること」などと書く必要はないということです。

また，文例では「広報課が担当する主な業務は，次の通りである」とあるわけですから，解答する際にも「総務課が担当する業務は，次の通りである」とします。が，例えば文例が「広報課が担当する主な業務」となっていたら，解答する場合も「総務課が担当する業務」とします（もちろん，「次の通りである」と書いても，間違いではない）。

②番号

箇条書きの項目が幾つあるのか，明確にするためにも番号は，きちんと付けてください。

③箇条書きの「型」

ビジネス社会では，何よりも能率を優先します。箇条書きの型もその趣旨に従っています。文章だけが長々と続くよりも「総務課が担当する業務は，次の通りである」と，まず言い切って（予告して）から，項目を並べる方が，より分かりやすくなるからです。

このことを念頭に置いて，問題に取り組んでください。

なお，参考までに，箇条書きの文例を挙げておきます。ここで，箇条書きの「型」を確実に理解してください。

経営活動を計数的に把握する経理部門は，次のような重要な役割を担っている。

1　現金出納業務
2　支払いと売掛金の管理
3　手形・小切手の管理
4　銀行との折衝
5　決算業務
6　財務諸表の作成
7　予算編成と管理
8　上記に関するその他の事務

1-2 やさしい文章の要約ができる

[1] 出題の傾向

3級の要約問題は，電話などによる簡単な伝言メモなどを題材にして出題されます。その例を次の問題から見てみましょう。

問7　電話などの伝言メモは，最初に結論を書き，次にその理由や経緯，見通しなどを書きます。この順序に従って，次の「内容」を，簡潔な伝言メモにしなさい。またそのために加える語や削った方がよい語があったら，適宜加えたり削ったりしなさい。

【内容】

発注してある商品Aに不良品が出たらしい。このため納期が遅れるが，納品日が確定したらすぐ連絡すると業者は言っている。そのため，商品Aの納期が1週間ほど遅れることになる。

【解答例】

> 商品Aの納期が1週間ほど遅れるとのこと。理由は不良品が出たことによるそうです。
> なお，納品日は確定したらすぐ連絡するとのことでした。

3級での要約問題は，まず要約の手順を示し，これに従って「内容」をまとめあげていく形式です。次項の「対策」で要約の基本を身に付けてください。

[2] 対策

電話の伝言メモや会議の発言要旨のメモなどは，最初に結論を書くことがポイントになります。能率を優先するビジネス社会では，まず，「結論」が求められるからです。そして結論を受けて，理由や経緯などの説明的な内容を補足として書き入れます。

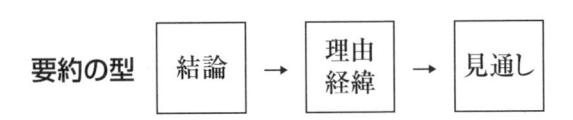

要約の型　結論 → 理由 経緯 → 見通し

では，問7を例に，まとめ方のポイントを述べていきましょう。

①まず，設問を通読し，伝言の内容を把握する

②伝言しなければならない内容を中心に，次の要領でまとめる

a）「納期が1週間ほど遅れる」という結論から述べる。

b）次に，「不良品が出たから」という理由を書く。

c）そして最後に，「納品日が確定したら，連絡する」という見通しを述べる。

③丁寧さは，最小限でよい

メモとして文をまとめるときには，特に丁寧な言葉遣いで書く必要はありません。文末において，それぞれの語尾を「そうです」「でした」と締めくくる程度でよいでしょう。

1-3 改行ができる

[1] 出題の傾向

ここでは，「話や視点を変えたとき，改行して1字空けをすることができる」かどうかを審査します。それを，次の問題から見てみましょう。

問8 文書を作成していて，内容を変えるときは，改行して1字空けて変えた内容を書き出します。これをすることによって，文書を理解してもらいやすくなるからです。では，次の案内状に，改行の記号（ 」 ）を三つ付け，四つのパラグラフ（段落）に分けなさい。なお，頭語と結語は省略しています。

> 毎々格別のお引き立てにあずかり，誠にありがとうございます。さて，当社では，日ごろご支援をいただいておりますお取引先の皆様をお招きして，別紙の通り恒例のゴルフコンペを催すことといたしました。つきましては，秋の1日，新鮮な空気と芝生のじゅうたんでゴルフをお楽しみいただきたく，ご参加を心からお待ちしております。まずは，恒例のゴルフコンペについて，ご案内申し上げます。

【解答例】

> 毎々格別のお引き立てにあずかり，誠にありがとうございます。┌さて，当社では，日ごろご支援をいただいておりますお取引先の皆様をお招きして，別紙の通り恒例のゴルフコンペを催すことといたしました。┌つきましては，秋の1日，新鮮な空気と芝生のじゅうたんでゴルフをお楽しみいただきたく，ご参加を心からお待ちしております。┌まずは，恒例のゴルフコンペについて，ご案内申し上げます。

いかがでしょうか。このように，3級では，簡単な手紙文に改行の記号を付ける問題が主になります。ビジネス文書の書式を正しく理解していれば，難なくできる問題でしょう。

また，中には，次のような形式で，出題されることもあります。

問 9 次は，販売スタッフ派遣の依頼状をセンテンスごとに分け，順不同で並べたものです。この（　）内に，順に読めば整った注文状になるよう，番号を付けなさい。（注）頭語と結語は省略してあります。

> ( ) まずは，取り急ぎお願い申し上げます。
> ( ) つきましては，店頭販売に精通した販売スタッフ2名を派遣していただきたく，お願いいたします。
> ( ) なお，顧客の反応によっては，次週も設置いたしたいと存じますので，ご承知ください。
> ( ) 毎々格別のご愛顧を賜り，誠にありがとうございます。
> ( ) さて，今月上旬から販売を開始した貴社製品「TM Ⅱ」，売り上げ好調につき，7月26日（金）から3日間，特設コーナーを設置して販売いたしたいと存じます。

【解答例】

(5) まずは，取り急ぎお願い申し上げます。
(3) つきましては，店頭販売に精通した販売スタッフ２名を派遣していただきたく，お願いいたします。
(4) なお，顧客の反応によっては，次週も設置いたしたいと存じますので，ご承知ください。
(1) 毎々格別のご愛顧を賜り，誠にありがとうございます。
(2) さて，今月上旬から販売を開始した貴社製品「TM Ⅱ」，売り上げ好調につき，7月26日（金）から３日間，特設コーナーを設置して販売いたしたいと存じます。

以上の二つの形式の中から「改行」の問題は出題されます。

[2] 対策

手紙文の改行については，すでに学習したビジネス文書の書式を手掛かりに解答していけばよいでしょう。ここでのチェックポイントは，次の通りです。

①前文が終わった所，つまり，主文の「さて」で始まる前に付ける
②主文の中で，話題・視点が変わるときに付ける
「つきましては（ついては)」で始まることが多い。
③末文の「まずは」で始まる前に付ける

ところで，問９の問題で「なお，顧客の反応によっては，次週も設置いたしたいと存じますので，ご承知ください」というセンテンスがあります。これは，その前の段落である「つきましては……」で述べた内容と関連させて「なお，店頭販売が好評だったら，次週も販売スタッフの派遣をお願いします」と述べているわけですから，この後に「なお……」の文が続きます。「つきましては」と「なお」はセットで覚えておくとよいでしょう。

1-4 短いセンテンスの文章が書ける

[1] 出題の傾向

ここでは，「切れ目のない長い文を，句点（。）で幾つかのセンテンスに分け，読みやすくすることができる」かどうかを審査します。それを，次の実問題から見てみましょう。

問 10 ビジネス文書は，できるだけ短い文で構成するのがよいとされています。①の「文例」のように切れ目がない長い文は，大変読みにくいことと，それによる間違いなどが起こりやすいからです。では，②の「問題」の文はどのようにすればよいか。①の区切り方（。）を参考に，三つの文に区切りなさい。

①【文例】

> 6月11日付でご注文いたしました貴社製品，まだ到着しておりません~~が，~~。得意先から催促を受け大変困っております~~が，~~。もし，まだご発送前でしたら，至急お送りくださるよう，お願いいたします。

②【問題】

> さて，5月29日付でご請求した5月分の納入代金30万円，6月25日に当社銀行口座にお振り込みとの通知をいただきましたが，まだ入金の確認ができておりませんが，今月は年度末のこともあり，帳簿整理上も困っておりますので，改めて請求書を同封いたしましたので，至急ご送金くださるよう，お願い申し上げます。

【解答例】

> さて，5月29日付でご請求した5月分の納入代金30万円，6月25日に当社銀行口座にお振り込みとの通知をいただきましたが，まだ入金の確認ができておりません。~~が，~~今月は年度末のこともあり，帳簿整理上も困っております。~~ので，~~改めて請求書を同封いたしましたので，至急ご送金くださるよう，お願い申し上げます。

3級では文例を手掛かりにして，短い文にしていく形式が中心になりますが，次のようなパターンもあります。それを，解答例から見てみましょう。四つに区切る問題です。

> 言葉の誤用の多くは，読み方や意味の似たものとの混同にある。~~が，~~「うそぶく」もその一つで，確かに「うそを言う」の意味でも十分，通用しそうである。~~が，~~しかし，それを言うなら「ほらを吹く」がよ~~く，~~い。「うそぶく」は，「豪語する」や「とぼける」の意味で使うのが正しい。

この問題の中には，別の語に換えて言い切る表現にしなければ句点で区切ることができない箇所もあります。「『ほらを吹く』がよく」を，「『ほらを吹く』がよい。」と直したのがその例です。

[2] 対策

問題文を通読していくと，文全体が「が」で切れ目なく続いていることに気付きます。ここを区切りの箇所（ポイント）として，句点を打っていけばよいのです。その他，「が」以外でポイントとなる語には，①「～で,」②「～から,」③「～ので,」④「～し,」などがあります。

1-5 無駄のない簡潔な文章が書ける

[1] 出題の傾向

ここでは，「無駄のない簡潔な文章」を書くための基本を問います。それを，次の例題から見てみましょう。

問11 ビジネス文書は，無駄のない簡潔な文で書き表していくのがよいとされています。①「文例」のように無駄の多い文は，冗長になりやすく，読みにくくなるからです。では②の「問題」の文はどのようにすればよいか。①の削除の仕方を参考に，必要がないと思われる語句5カ所に二重線を引き，削除しなさい。

①【文例】

先日，訪問先の会社を辞するとき，担当者から「また，東京にいらしたときは，どうぞ，お立ち寄りください」~~など~~とあいさつされた。

しかし，この「いらした」という言い方，尊敬語とは全く無縁の，丁寧さを欠く言葉遣いだ。なぜなら，本来は「いらっしゃった」と正確に言うべきところを，ここでは，~~毎と~~「いらした」と~~単に~~発音を省略して使って~~しまって~~いるからだ。

気軽な会話の中ならともかく，ビジネスの場でこのような言い方をすると，~~それこそ，~~ぞんざいな印象を持たれてしまう。~~とにかく，~~注意が必要だ。

②【問題】

とにかく，最近の新入社員は，誰彼構わず「ご苦労さまです」と言うらしい。

しかし，この言葉，それこそ，「さま」を付けたからといって，丁寧になるというものではない。なぜなら，この言葉，本来は上位者が下位者に対して，その労をねぎらって使うものだからだ。

このことは，今も昔もずっと変わらない。

だから，部長が，部下のあなたに対して，「昨日はご苦労さん」と言ったら，あなたは「昨日はお疲れさまでした」と返答しなければならない。

【解答例】

~~とにかく，~~最近の新入社員は，誰彼構わず「ご苦労さまです」と言うらしい。

しかし，この言葉，~~それこそ，~~「さま」を付けたから~~といって，~~丁寧になるというものではない。なぜなら，~~この言葉，~~本来は上位者が下位者に対して，その労をねぎらって使うものだからだ。

このことは，今も昔も~~ずっと~~変わらない。

だから，部長が，部下のあなたに対して，「昨日はご苦労さん」と言ったら，あなたは「昨日はお疲れさまでした」と返答しなければならない。

以上のように3級では，「文例」を参考にして，無駄な語句を二重線で削除していくことが中心になります。なお，その題材は前出のような例のほか，文書からも出題されることもあります。

[2] 対策

①話し言葉的な表現を探す

「文例」と，「問題」の削除する語句は，ある程度対応しているので，これを参考に解答していけばよいでしょう。「とにかく」「それこそ」がそれに該当します。そして，この言葉と同様に，特になくても差し支えのない「といって」「ずっと」などの言葉を削除していきます。

②言葉が重複している箇所を探す

「問題」文の中で，「この言葉」が二度出てきます。これが重複です。特にこの場合は，前の「この言葉」を受けて「なぜなら」といっているわけですから，後の「この言葉」は不要です。これによって，文章の冗長さも解消されます。

3 分かりやすくするための図表が書ける

[1] 出題の傾向

売上計画書や報告書などでは，文章だけではなく，売上金額や販売量などの数字が多く入ります。このようなとき，図表（グラフ）を用いて表すと，非常に分かりやすくなります。3級では，①線グラフ②棒グラフ③帯グラフについて，出題されます。それを，次の問題から見てみましょう。

問12 営業課の清水は，次の表をグラフにするため，先輩社員から作成の参考に下の二つのグラフを借りた。この場合，どちらのグラフにならって作成するのがよいか。参考になるグラフにならって，適切なグラフを作成しなさい（定規を使わずに書いてよい）。

【グラフにする表】

年度別A製品売上高の変化

	A製品売上高
平成W年度	1,000万円
平成X年度	1,500万円
平成Y年度	2,500万円
平成Z年度	4,000万円

【先輩社員から借りたグラフ】

① 4月～6月の当社ホームページへのアクセス数の比較

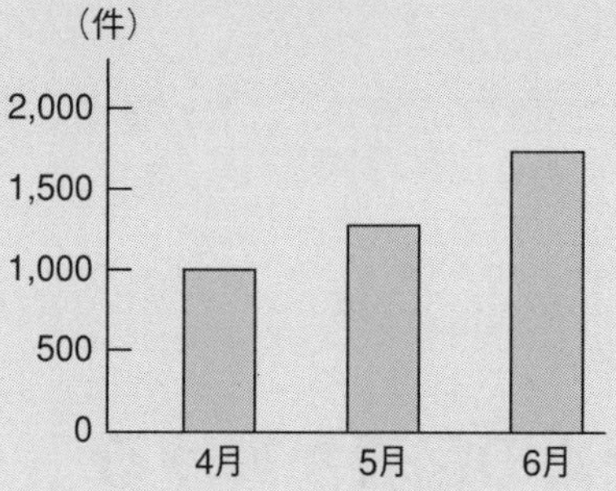

② 4月～6月の当社ホームページへのアクセス数の推移

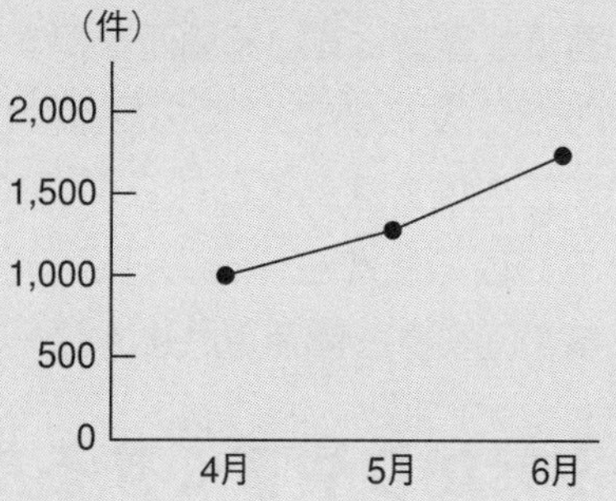

【解答例】

年度別A製品売上高の変化

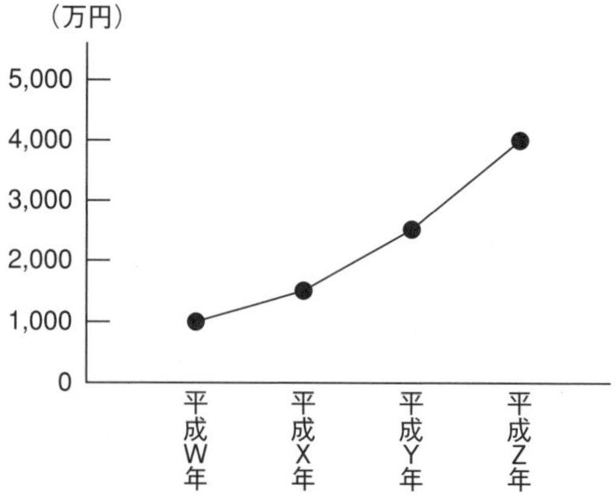

ここでは，グラフを作成するために，参考になる二つのグラフを挙げています。「グラフにする表」は，「年度別Ａ製品売上高の変化」となっています。「先輩社員から借りたグラフ」の②は「4月～6月の当社ホームページへのアクセス数の推移」です。従って，「グラフにする表は「変化」で②の「推移」と同じですから，②の線グラフ（折れ線グラフ）を選び，作成していけばよいわけです。

このように，図表のタイトルからまず手掛かりを得，②のグラフを参考にし作成していきます。

なお，線グラフや棒グラフ，帯グラフの基本的なパターンは，次の「対策」から確認してください。

[2] 対策

①線グラフ（折れ線グラフ）

このグラフは，連続的な流れ（推移）を見るときに使います。例えば，①月別・年別の売上高の推移②月別来店者数の推移などが，それに該当します。キーワードは，推移，変化などです。

○年度上半期（月別）売上高推移表

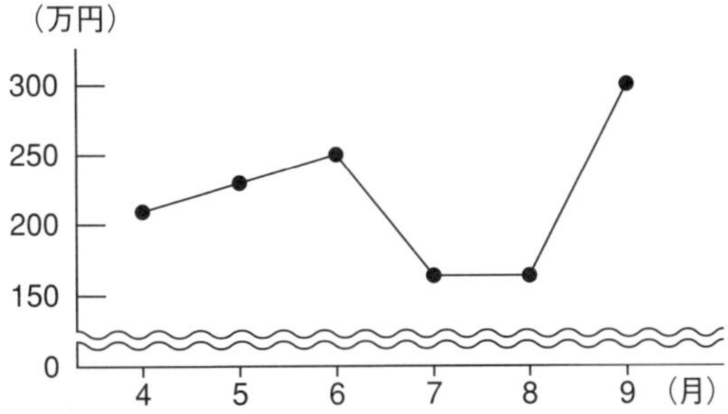

グラフを作成する上での注意点は，次の通りです。

①グラフの表題を忘れずに書く。②縦軸に単位を，横軸に時間の経過を目盛りとともに必ず入れる。③基底は，原則として「0（ゼロ）」にする。④途中が空き過ぎるときは，前ページの図のように途中を破った形（中断記号）にする。

②棒グラフ

このグラフは，「棒の長さによって，数量の大小を比較する」のに適しており，①各課別の人員構成②商品別の売上高の比較③自社の支店別売上高の比較などのような内容のときに用います。売上高や人数などの「比較」です。

平成○年度 諸経費の比較

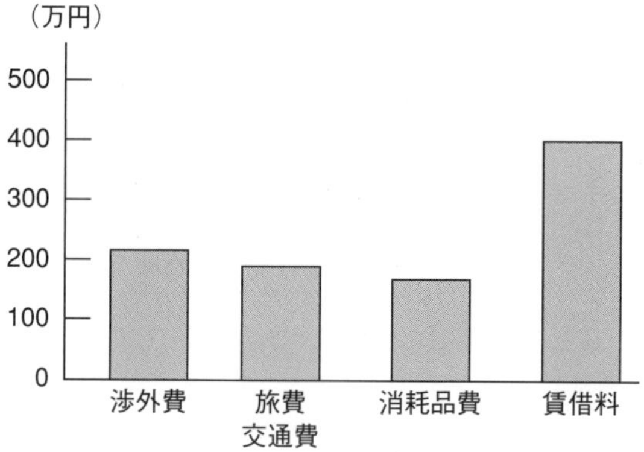

このグラフを作成する上での注意点は，線グラフで述べた内容とほぼ同じですが，横軸に項目を書き入れるのを忘れないようにします。

③帯グラフ

このグラフは，「全体を構成する内訳の割合（%）を示す」のに適しており，平成○年度製品別売上高の構成比などのときに用います。キーワードは，構成比や割合です。

平成○年度 製品別売上高

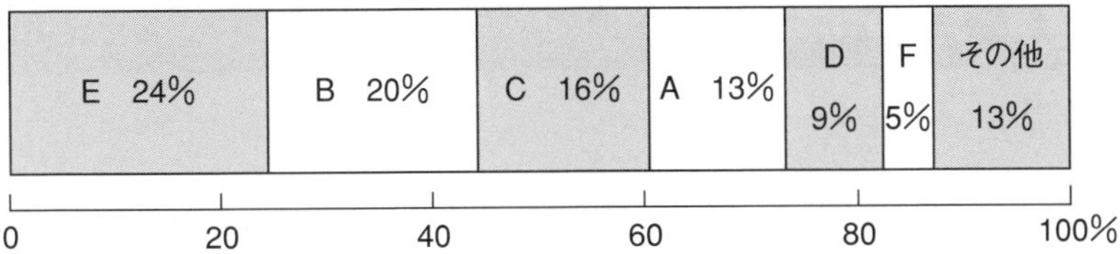

a）並べ方は，左から右へ大きい数字の順にする。なお，「その他」がある場合は，必ず右端にする。

b）全体で 100%になる。

c）それぞれの内訳には，項目名とパーセントを入れる。

d）「線グラフ」や「棒グラフ」で前述したように，表題などの要素も忘れずに入れておく。

なお，答案用紙にグラフを書く場合は，「フリーハンド」で構いません。また，単位や目盛りも目分量で十分です。

3 礼儀正しい文章

1 人を指す言葉・敬称を知っている

[1] 出題の傾向

ビジネス文書では，自分側のことを述べる場合と相手側のことを述べる場合に，特別な書き方をするものがあります。これは相手方に対する礼儀・社交上から生まれたものです。次の実問題を見てください。

問13 自分の会社のことをへりくだって言う場合は「弊社」といいます。では，反対に相手の会社を尊敬した言い方にはどのような言葉があるか，二つ答えなさい。

【解答】（1）御社（2）貴社

また，次のような形式で出題される場合もあります。

問14 次の各受信者に，適切と思われる敬称を付けなさい。

（1）お得意様＿＿＿＿＿（多数に配布するとき）
（2）山田一郎＿＿＿＿＿（恩師に宛てるとき）
（3）田中店長＿＿＿＿＿（名字を付けた職名のとき）
（4）総務部長＿＿＿＿＿（職名だけのとき）
（5）ＢＮ出版株式会社読者サービス係＿＿＿＿＿（団体名のとき）

【解答】（1）各位（2）先生（3）殿（4）殿（5）御中

ここでのポイントをまとめると，役職名だけの場合，基本的には「殿」を付ける（名字を付けた職名のときも同様）ということです。ただし，役職名の営業部長の後に姓名を書くときは殿より「様」にした方がよいでしょう。「営業部長 清里 一郎様」というわけです。

なお，「各位」とは，大勢の人を対象に，その一人一人を指す敬称のことで，「会員各位」などと使います。「会員の皆々様方」という意味です。なお，「各位殿」などは敬称の重複になるので「殿」は不要です。

いかがでしょうか。二つの事例からも分かるように，記述形式での出題が中心になりますが，時折，選択問題として出題される場合もあります。

なお，３級における出題の範囲は，さほど広くありませんので，次の「対策」で述べる内容を理解しておけば十分でしょう。

[2] 対策

自他の呼び方については，次の一覧を参考にしてください。

	自分側のこととして言う場合	相手のこととして言う場合
場所・土地	当地（当方）にお出掛けの際は，ぜひお立ち寄りください。	貴地出張の節は，格別のご高配にあずかり，誠にありがとうございます。
会社	さて，当社（弊社《へいしゃ》，小社）は来る○月○日をもって，創立20周年を迎える運びとなりました。 ※店舗の場合は，「当店・弊店」とする	貴社（御社）ますますご発展のこととお喜び申し上げます。 ※店舗の場合は「貴店」とする
	私どもといたしましても，穏便に事の解決を図りたい所存でございます。 ※私は「わたくし」と読む	皆様のお越しをお待ちしております。

	社員一同，さらに精励いたす所存でございます。	ご一同様ますますご健勝のこととお喜び申し上げます。
人	さて，私こと，この○月○日付で，貴地区担当を命じられました。	望月様の理事長ご就任により，貴会の一層の発展が期待されます。
		お取引先各位をお招きして，ゴルフコンペを催すことといたしました。

【「殿」と「様」】

取引先に対しては，敬称を付けるとき「様」と「殿」をどう使い分けるか，また敬意の度合いはどちらが高いのかで，判断に迷うことがあります。歴史的な経緯から見ると，官職名に付けていた「殿」の方が，古くは「様」より敬意の度合いが高かったようです。しかし，江戸時代になると敬意の順が逆になりますが，その理由についてははっきりしていません。

現代になると，「様」が最も一般的な敬称として広く使われ，「殿」は同僚または目下の者に対してのみ使われるようになります。

もっとも，これは私的な手紙の場合で，公用文やビジネス文の場合は，今でも「殿」を用いています。しかし地方自治体でも，外部あてには「様」を使う方向にありますから，敬称は一般的には「様」で統一し，「殿」は役職名の場合にと使い分けていくのよいでしょう。

2 「お・ご（御）」を正しく付けられる

[1] 出題の傾向

「お・ご（御）」は，相手に対して敬意を表すときに付けますが，これが適切に付けられているかどうかを問うているのが，次の問題です。

問15 言葉に「お・ご」を付けるのは，相手のことや相手の行為に対して敬意を表すためです。例えば「貴社のご要望」「当社の要望」のようになります。では，次の各文の下線部分の場合，「お・ご」を付けるのが不適切になるのはどれか。一つ選んで番号で答えなさい。

(1) お気軽にお立ち寄りくださいませ。
(2) お問い合わせの件について，ご回答いたします。
(3) 当日は所用のため，ご欠席とさせていただきます。
(4) 貴重なお時間をいただき，ありがとうございます。

不適切な選択肢は，(3)「当日は所用のため，ご欠席とさせていただきます」になります。設問でも述べているように，「お・ご」を付けるのは，「相手のことや相手の行為に対して敬意を表す」場合に限ります。従って，自分のことに「ご」を付けている選択肢の(3)は不適切というわけです。

また，次のような形式でも出題されています。

問16 「お・ご」は，例えば「貴社のご意見」のように，相手に対し敬意を表すときに用います。では，次の枠内の文の中から「ご」を付けた方がよいと思われる語はどれか，3カ所下線を引きなさい。

> 使用中に，万一故障が生じた際には，当社技術サービス部へ一報ください。直ちにスタッフを参上させますので，利用願います。

【解答例】

> 使用中に，万一故障が生じた際には，当社技術サービス部へ一報ください。直ちにスタッフを参上させますので，利用願います。

ここでは出題の形式が，選択問題から文例によるものに変わっていますが，解答する際の考え方は同じです。「相手に対し敬意を表すときに用いる」という設問に従って，解答例のように下線を引いていけばよいだけです。

いずれにせよ，３級では基本的な「お・ご」の付け方が中心になります。次の「対策」で理解を確実なものにしてください。

[2] 対策

①「お・ご」を付けるケース

尊敬の意を表すとき

専務ご夫婦のご出席　　専務のお話

相手の物事・行為を表す「お・ご」で，それを訳せば「あなたの」という意味になる場合

お手紙（あなたの手紙）拝見いたしました　　ご意見を承りたく存じます　　お帽子をお預かりいたします

自分の物事であるが，相手に対することなので「お・ご」を付けるのが慣用になっているとき

ご案内いたします　　お見舞い申し上げます　　お手紙を差し上げます

②「お・ご」を付けなくてもよいケース

自分側だけの行為のときは，「お・ご」は付けません。自分が偉そうに「ご欠席とさせてもらう」では，ふそんな態度に映るだけです。

ところで，次の手紙文の一節，不適切な箇所を指摘してみてください。

> ご事情ご賢察の上，何とぞ，ご猶予くださるよう，お願い申し上げます。

言うまでもなく「事情」は自分側のことですから「ご」を付ける必要はありません。後の「賢察《けんさつ》（相手が推察することを敬って言う言葉）」や「猶予《ゆうよ》」は相手側の行為になるので，「ご」を付けていきます。

3 動作の言葉に付ける尊敬語と謙譲語とを，正しく使うことができる

[1] 出題の傾向

動作の言葉に付ける敬語は，①相手の動作に付けて敬意を表す「尊敬語」と②自分の動作に付けてへりくだる「謙譲語」との，二つに分けられます。

3級では，日常会話程度の「単純な場合」に限定して出題されています。それを，次の実問題から見てみましょう。

問17 敬語には「尊敬語」と「謙譲語」があります。尊敬語は相手の動作に対しての言葉，謙譲語は自分の動作に対しての言葉です。次の下線部分は敬語を使って述べた言葉ですが，中から自分の動作に対してではない敬語（尊敬語）を一つ選び，番号で答えなさい。

(1) お手紙，正に拝見いたしました。
(2) お名前は，以前から存じております。
(3) 見本品を持参の上，参上いたします。
(4) 新製品発表会のご案内を申し上げます。
(5) 格別のご高配を賜り，厚く御礼申し上げます。

適切な選択肢は（5）「格別のご高配を賜り，厚く御礼申し上げます」になります。「高配」とは，相手の配慮，気遣いの尊敬語のことです。「ご高配にあずかり誠にありがたく」などと使います。なお，（1）から（4）までの下線部分はすべて謙譲語です。

さて，その謙譲語の問題を，次に見てみましょう。

問18 次の枠内は，「拝見」と「謙譲語」の意味です。これを参考に，下の各文の中から，「拝見」の用い方の適切なものを一つ選び，番号で答えなさい。

【「拝見」と「謙譲語」の意味】

・「拝見」…… 「見る」の謙譲語
・「謙譲語」… 自分の動作などをへりくだって述べるときに用いる語

（1）お見積書をご拝見いたしました。
（2）12月1日付のお手紙，確かに拝見しました。
（3）説明書をよく拝見の上，お申し込みください。
（4）総合カタログをお送りいたしますので，ご拝見ください。

「拝見」の用い方の適切なものは，（2）「12月1日付のお手紙，確かに拝見しました」になります。（1）の「ご拝見いたしました」は過剰な敬語です。「ご～いたす」は謙譲語の言い方です（P.111参照）。この言い方と謙譲語の「拝見」を一緒に使っているので，「ご拝見いたします」は不適切ということになります。

この二つの問題からも分かるように，選択問題が中心になります。また，それぞれ解答の手掛かり（言葉の意味）も挙げているので，十分に対応できるでしょう。

ちなみに（3）と（4）は，相手の動作のことを言っているわけですから，きちんとした尊敬語で，「説明書をご覧の上，お申し込みください」「総合カタログをお送りいたしますので，ご高覧（ご覧）ください」などと言わなければなりません。なお，このことについては，次項の「対策」で学びましょう。

[2] 対策

ここでは，尊敬語と謙譲語の基本パターンを一覧にしておきます。確実に身に付けておいてください。

尊敬語と謙譲語の基本形式

❶……尊敬語

①「お（ご）～になる」を使って尊敬語にする

先生が，セミナーでお話しになる内容は，次の通りです

部長は，明日，ご出発になる

②「ご～なさる」を使って尊敬語にする

ますますご活躍なさいますよう，お祈り申し上げます

③「～れる」を使って尊敬語にする

社長も出席される予定です

※最近は，この書き方・言い方が多い

❷……謙譲語

①「お（ご）～いたす（する）」を使って謙譲語にする

この「ご（お）～する」は，「あなたのために（わたしが）～する」という意味。つまり，「自分の動作を表す語について，

その動作に及ぶ相手を間接的に尊敬する働き（謙譲語）」を持っている表現。

ご報告いたします

お待ちいたします

私からお話しすることは，何もありません

私からお話しします　　私からお話しいたします

❸……同じ意味でも書き方・言い方が違う「尊敬語」と「謙譲語」

	尊敬語	謙譲語
過日は，ご多用中のところ，来てくれてありがとうございます。	おいでくださり お越しくださり	
資料を持参の上，ご説明に行きます。		参上いたします 伺います お伺いいたします
当社カタログを同封いたしましたので，何とぞ，見てくださるよう，お願いいたします。	ご覧 ご高覧	
○月○日付のお手紙，見ました。		拝見いたしました
○○様の言った通りでございました。	おっしゃる 言われた	
書中をもって，御礼を言います。		申し上げます

このたび，京都支店長として栄転するとのこと，おめでとうございます。	なさる される	
よろしくお願いします（する）。		いたします 申し上げます

4 丁寧な言葉遣い，丁寧な言い回しができる

[1] 出題の傾向

この領域は，先に学習した「人を指す言葉・敬称」「お・ご（御）の付け方」と「尊敬語と謙譲語の使い方」をも併せて問う，いわば総合問題です。次の実問題から，それを見てみましょう。

問19 次は，ビジネス文書でよく使われる文です。この文を適切なビジネス文にするには，下線部分に下の（　）のどの語句を入れるのがよいか，それぞれ記号で答えなさい。

(1) 平素は格別のご愛顧を________，厚く御礼申し上げます。
(a あずかり　b 賜り　c 承り)

(2) 初冬の候，________ますますご隆盛のこととお喜び申し上げます。
(a 貴殿　b 貴社　c 皆様には)

(3) 今後とも，________ご用命を賜りたく，お願い申し上げます。
(a 多少にかかわらず　b 一方ならぬ　c 一層の)

【解答】(1) b 賜り (2) b 貴社 (3) a 多少にかかわらず

また，次のような形式でも出題されます。

問 20 次の枠内の文章は，総合カタログ送付の案内状の一部です。この文章を形式の整った案内状にするには，下線部分 A ～ E をどのような言い方にすればよいか。下の中から適切と思われるものを一つ選び，番号で答えなさい。

> さて，このたびは，当社製品資料のA請求をしてくれて，厚く御礼申し上げます。早速，「○年版総合カタログ」をB送ったので，C見てくれるよう，お願い申し上げます。
>
> なお，当社ホームページでは，24 時間，ご注文をD受けている。E急いでいるときは，ぜひともご利用くださるよう，ご案内いたします。

A (1) ご請求を賜り
(2) 請求をいただき
(3) ご請求させていただき

B (1) お送りしました
(2) お送りいたしました
(3) 送らせていただきました

C (1) 見てくださるよう
(2) ご拝見くださるよう
(3) ご高覧くださるよう

D (1) 受けています
(2) 承っております
(3) いただいています

E (1) 急用のとき
(2) お急ぎの節
(3) 急いでおられる際

【解答】 A (1) ご請求を賜り　B (2) お送りいたしました
C (3) ご高覧くださるよう　D (2) 承っております
E (2) お急ぎの節

いかがでしょうか。この丁寧な言葉遣いでは，①「賜り」や「貴社」などの用語を問う場合と，②「ご請求を賜り」や「お送りいたしました」などの語句を問う場合とがありますが，いずれも選択問題です。次の対策により，確実に丁寧な言葉遣い（丁寧な言い回し）を身に付けてください。

[2] 対策

「慣用の手紙用語」（P .63）と併せて，次の用例（語句）から丁寧な言葉遣いを身に付けてください（下線部分は普通の言い方です。これを丁寧な言葉遣いに直したものが，下段の二重線の語句になります）。

見積書送付の案内状から
毎々格別の引き立てをしてくれて誠にありがとうございます。 ―――――――― 毎々格別のお引き立てにあずかり（お引き立てを賜り），誠にありがとうございます。
さて，貴社ご依頼の「K－1」見積もりについて，別紙の通りお見積もりしました。 ―――――――― さて，貴社ご依頼の「K－1」見積もりについて，別紙の通りお見積もりいたしました。
どうか，検討してご用命を賜りたく，お願いします。 ―――――――― 何とぞ，ご検討の上ご用命を賜りたく，お願い申し上げます。

まずは，見積書送付の案内をします。

まずは，見積書送付のご案内を申し上げます。

社名変更のあいさつ状から

さて，当社では事業の拡大化に伴い，新社名を検討してきましたが，今度「ジャパンテック株式会社」と社名を変更することにしました。

さて，当社では事業の拡大化に伴い，新社名を検討してまいりましたが，このたび「ジャパンテック株式会社」と社名を変更することといたしました。

つきましては，これを機に社員全員でさらに精励するつもりでございますので，今後とも一層のお引き立てをしてくれるよう，お願い申し上げます。

つきましては，これを機に社員一同さらに精励いたす所存でございますので，今後とも一層のお引き立てを賜りますよう，お願い申し上げます。

5 手紙を書く上でのエチケットやしきたり

[1] 出題の傾向

表記技能では，用字，用語や書式を，そして表現技能では，正確な文章，礼儀正しい文章などを学習してきました。

ここでは，その最終仕上げでもある「手紙を書く上でのエチケットやしきたり」について学習します。たとえば用字用語が正確で，礼儀正しい文章であっても，その書き方が「しきたり」にかなっていなければ，それだけで見識を疑われてしまうからです。

では，次の問題から，出題の傾向を見てみましょう。

問21 次の「文例」の下線部分は，自分側のことを言っているので，行頭から書かず，行末から書き始めて謙遜の気持ちを表します。しかし，このような書き方をしてはいけないものがあります。それを下の中から一つ選び，番号で答えなさい。

【文例】

拝啓　早春の候，ますますご清祥のこととお喜び申し上げます。

　　　　　　　　　　　　　　　　　　さて，私こと，

このたび，4月1日付をもって福岡支店長を命じられ，一両日中に赴任いたすこととなりました。

(1) 社長就任のあいさつ状から

「拝啓　早春の候，ますますご清祥のこととお喜び申し上げます。

　　　　　　　　　　　　　　　　　　さて，私こと，」

(2) 古希（70歳）祝宴の招待状から
「拝啓　早春の候，ますますご清祥のこととお喜び申し上げます。
さて，当社会長，清水隆文こと，」
(3) 結婚の祝い状から
「拝啓　早春の候，ますますご清祥のこととお喜び申し上げます。
さて，ご令嬢様には，」

いかがでしょうか。不適切な選択肢は（3)「結婚の祝い状」の一文になります。設問でも触れていますが，まず「自分側のこと」を言っている場合に限り，「文例」のような書き方になります。従って，この例に該当しないのは，結婚の祝い状（「相手側のこと」）というわけです。

このように，設問で「手紙のしきたり」について説明しているわけですから，これに従って解答していけばよいでしょう。

[2] 対策

❶……正規の便箋を使う

手書きで文書を作成する場合は，社名入りの便箋を使うのが一般的です。なお，社用の便箋がないときは，「白色の用紙にけい線のあるもの」を使います。最近は，色柄の付いた便箋も市販されていますが，ビジネスでの使用は避けた方がよいでしょう。

❷……発信者名と受信者名との関係

すでに学習したように，発信者名は，「その文書の責任の所在を示す重要な項目」です。官公庁や大方の企業が「課長以上の職名でないと発信させない」と原則を立てているのも，この理由によります。役職の付いた責任者でないと，対外的にその信用性（責任）を示すことができないからです。

それでは管理監督者のうち，どの役職名を発信者とするのがふさわしいのか，ということになりますが，これは受信者の肩書とのバランスによります。つまり，取引先の部長宛てに出すのであれば，発信者も部長名になります。逆の場合も，また同様です。

従って社外文書では，「一担当者の名で取引先の部長宛てに発信したり，社長宛ての照会状に対して，課長名で回答したりするのはエチケット違反である」ということです。

もちろん，簡単な事務連絡文書などは，一担当者名で発信できます。この場合，担当者間で仕事を迅速に進めていく必要があるからです。

❸……字配りと体裁

①相手の氏名が行末に来たり，2行にわたることは避ける（行末を空欄にしたままで，氏名を文頭に持ってくるとよい）。

②「お・ご（御）貴」だけが行末に来ないようにする（句読点などで調整するとよい）。

③書くことが少なくて，便箋の半分ぐらいで終わりそうなときは，一行置きに書いて，全体の体裁を整える。

「手紙を書く上でのしきたり」

特に伝統的な手紙（縦書き）の場合，行の上が尊いとされています。そのため，相手側の代名詞（この場合は「お嬢様」）や敬称付きの氏名を行の終わりに書くのは失礼になります。逆に，自分側のことをいう言葉「私，小生，当社」などは行の始めに来ないようにします。謙譲の気持ちです。この考えが背景にあって，問21（P.117）の「文例」のような字配りの形式が残っているわけです。

なお，人名や地名が2行にわたることも避けます。読みにくくなるからですが，基本的にこれらは一語のものです。これを切ること自体がいけません。数字や金額も同様です。

「表現技能」の総合対策

確認と復習を兼ね，『ビジネス文書検定実問題集3級』や巻末の「実戦テスト」から，「Ⅱ表現技能」の領域を完全にマスターしておきましょう。

第Ⅲ章

実務技能

社内文書

社外文書

文書の取り扱い

1 社内文書

1 簡単な社内文書が書ける

1-1 通知文

[1] 出題の傾向

「参考文例」を参考にして，選択問題と記述問題を解いていくものです。次がその事例です。

問1 次の社内通知文（「参考文例」）の形式や表現を参考に，下の問いに答えなさい。

【参考文例】

平成○年7月17日

課長各位

総務部長

記念式典の施行について（通知）

当社創立30周年記念式典を，下記の通り執り行うので，課員に周知させてください。

記

1 期 日 平成○年9月1日（金）
2 場 所 ホテルニューセントラル

添付 1 担当任務表
2 記念式典進行表

以上

1．次は，社外で行う研修を知らせる社内通知状の一部です。この中の下線部分Ａ・Ｂにはどのような語句を入れるのがよいか。下の中から適切と思われるものを一つ選び，番号で答えなさい。

> 下記の通り新任係長を対象にした研修を＿＿＿Ａ＿＿＿。今後の業務遂行のために必要な内容を扱うので，該当者は必ず＿＿＿Ｂ＿＿＿。

Ａ (1) 実施する
(2) 実施します
(3) 実施いたします

Ｂ (1) 出席すること
(2) ご出席ください
(3) 出席してください

【1.解答】Ａ (2) 実施します　Ｂ (3) 出席してください

2．次の内容を，記書きを交えた社内通知状にしなさい。

> 1　発 信 者　　営業部長
> 2　受 信 者　　全営業課員
> 3　発 信 日　　平成○年７月10日
> 4　標　　題　　営業課ミーティングの開催通知
>
> ７月度の営業課ミーティングを，７月17日（月）15時から16時まで，第４会議室で開催するので，出席すること。
> なお，資料として，「６月度の売上表」を添付した。

【2.解答】

> 平成○年７月10日
>
> 営業課員各位
>
> 営業部長

営業課ミーティングの開催通知

7月度の営業課ミーティングを，下記の通り開催するので，出席してください。

記

1　日　時　　7月17日（月）　15時から16時まで
2　場　所　　第4会議室

添付　6月度売上表　　　　　　　　　　　　以上

いかがでしょうか。では，次項でこの問題の対策を検討していきましょう。

[2] 対策

①社内文書と社外文書の書き表し方の違いに注意する

まず，「参考文例」を読みます。これを読むと，社内文書は社外文書ほど丁寧に書かなくてよいということが分かります。従って，1. Aの場合は「実施します」となります（「実施する」という書き方はこの場合はしない。文末の「周知させてください」と文体が一致しないからである。なお，「実施いたします」はこの場合，丁寧すぎる）。1. Bも同様です。

②社内文書の作成の仕方

「参考文例」に倣って，2. の記述問題に取り組みます。

前付け

発信日付，受信者名，発信者名，表題を書き入れます。「全営業課員」は「営業課員各位」とします。

表題

3級での表題は「問題」の内容の通りに書きます。

主文

2. の設問では「記書きを交えた社内通知状にしなさい」とある

わけですから，主文と記書きに分けます。まず主文は「参考文例」の「当社創立30周年記念式典を，下記の通り執り行うので，課員に周知させてください」に倣って，

> 7月度の営業ミーティングを，下記の通り開催するので，出席してください。

と書きます。ここで書き直したものは，下線部分の3カ所ですが，基本は「参考文例」と同じです。なお，一般的な社内通知文書では，「開催しますので」とはせずに，「開催するので」と書き表します。いわば，決まったことを指示（命令）しているからです。

記書き

「参考文例」に従って，「日時」と「場所」とを箇条書きにします。なお，期日とは，前もって決められている日のことで，この場合は日にちと時間があるので，「日時」とします。

後付け

「参考文例」と同様に，「添付」とし，「6月度売上表」とします（間違いというほどではないが「6月度の売上表」とはしない方がよい。また，「以上」も書き忘れないこと）。

なお，参考までにもう一つの出題パターンを紹介しておきます。ここでのチェックポイントは，発信日や発信者などの位置，主文の書き表し方などになりますが，出題の意図は前掲の問題と同様です。

問2 ①の社内文書は，形式や表現の仕方が不適切です。②の文書を参考にして，①の文書を適切な社内通知文書に書き改めなさい（不要な語句や不適切な語句は削除したり，別の言い方に書き直したりしてよい。また，必要な語は書き加えてよい）。

①【不適切な文書】

営業部の皆様へ

新製品「i ノート」説明会開催の通知

前略　新製品「i ノート」の説明会を，7月16日（月）15時から16時まで，第4会議室で開催させていただきますので，ご多忙中とは存じますが，ご出席くださるよう，お願い申し上げます。

草々

平成○年7月10日

営業部長　久保田　望

担当　榎木（内線131）

②【参考文例】

平成○年6月25日

業務改善委員各位

業務改善委員長

他社見学会の実施について（通知）

A社のご好意により，下記の通り工場見学会を実施するので，業務を調整の上，参加してください。

記

1　日　時　　7月2日（月）13時から15時まで
2　訪問先　　A社藤沢工場

以上

担当　総務課　伊東
（内線　101）

【解答例】

平成○年7月10日

営業部員各位

営業部長

新製品「iノート」説明会開催の通知

下記の通り新製品説明会を開催するので，出席してください。

記

1　日　時　　7月16日（月）15時から16時まで
2　場　所　　第4会議室

以上

担当　榎木
（内線　131）

二つの形式のいずれかで，毎回出題されます。「社内文書の書き表し方（3カ条）」（P.130）で，再確認しておいてください。

1-2 その他の社内文書

[1] 出題の傾向

社内文書には帳票が多く使われています。帳票というのは，帳簿や伝票，届け出用紙のように，記入のための空欄を作ってある事務用紙のことです。

3級では，この帳票から出題されます。それを次の問題から見てみましょう。

問3 届け出用紙などが様式化されているのは，書き入れやすい，記入漏れが防げる，整理がしやすいなどの利点があるからです。では，次の枠内の事情によって休暇届を書く場合，どのように書けばよいか。答案用紙の「休暇届」の用紙に書き入れなさい。

【休暇届を書く事情】

> 営業部マーケティング課の新人戸田昭夫の友人が，故郷で結婚式を挙げることになった。戸田は，私用だが会社の有給休暇を利用して，その結婚披露宴に出席することにした。休むのは，7月25日と26日，届けを出すのは7月13日である。

休暇届

届出　平成　　年　　月　　日

所属		氏名	㊞
期間	月　　日～　　月　　日(　　日間)		
区分	1. 有給休暇　2. 代休(　月　日分)　3. その他(　　)		

承認印	部長	課長	係長

【解答例】

休暇届

届出　平成○年 7 月 13 日

所属	営業部マーケティング課	氏名	戸田　昭夫 ㊞
期間	7 月 25 日～ 7 月 26 日（ 2 日間）		
区分	(1.) 有給休暇　2. 代休（　月　日分）　3. その他（　　）		

承認印	部長	課長	係長

「休暇届を書く事情」に基づいて，届け出用紙に書き入れていくことが中心になります。いずれにせよ，書く内容は提示されるので，これに従って正確に記載していけばよいでしょう。

なお，問題文の「私用だが」や「その結婚披露宴に出席」などの言葉を書く必要はありません。惑わされないように注意しましょう。

[2] 対策

社内文書の中には，帳票化（フォーム化）されているものが数多くあります。例えば，「遅刻・早退届」「欠勤届」「住所変更届」や「什《じゅう》器《き》・備品購入申請書」「通勤費申請書」「経費精算書」また，「営業日報」「営業月報」「出張報告書」「研修受講報告書」などがそれに該当します。特に難しいところはありませんので，前掲の「解答例」や『ビジネス文書検定実問題集３級』（早稲田教育出版）から，まずは，記入の仕方を身に付けてください。

さて，参考までに「住所変更届」と「通勤費申請書」の記入例を次に示しておきます。対策としてください。

住所変更届

届出　平成○年 7 月 12 日

代表取締役社長殿

下記の通り,住所を変更しますのでお届けします。

所属	営業部営業2課	氏名	村田　敏明 ㊞
変更日	平成 ○年 7 月 15 日から		
新住所	〒169-0075 東京都新宿区高田馬場一丁目４番15号 電話 03-3200-6675（変更なし）		
旧住所	〒171-0032 東京都豊島区中央一丁目2番3号 アーバンヒルズ505号室 電話 03-3200-7616		

承認印	部長	課長	係長

通勤費申請書

届出　平成○年 12 月 10 日

代表取締役社長殿

所　属	経理部経理課
氏　名	横田　和江 ㊞

このたび,平成○年12月1日付で,所要通勤費が下記の通り変更になりましたので,申請いたします。

変更の事由	入社　転居　(運賃改定) その他（　　　　）

【変更後の経路・定期券代】

交通機関	区　間	1カ月の定期代
高田交通バス	並木一丁目～古谷駅前	5,600円
高田高速鉄道	古谷駅　～高田駅	16,000円
	～	円
	～	21,600円

片道の通勤時間	合計 1時間20分

承認印	部長	課長	係長

ところで，社内文書の範囲には入りませんが，様式化されたものとして「履歴書」があります。出題される可能性もあるので，記入の仕方は押さえておいてください。

「社内文書の書き表し方」（３カ条）

①「前文」は省略して，すぐ「主文」に入る。能率を優先する社内でのやりとりに，時候のあいさつは不要。従って，「拝啓」や「前略」なども書かない。

②書き表し方は，社外文書ほど丁寧に書き表す必要はない。「意思の伝達」（通知，報告など）を優先し，事務能率の立場から実質的に書き表していく。

③文の終わりは「以上」と書く。

2 社外文書

1 簡単な業務用文書が，文例を見て書ける

[1] 出題の傾向

「参考文例」を参考にして，記述問題に取り組んでいくものです。次がその事例です。

問4 次の「参考文例」を参考にして，下の「問題」の内容を，住居表示変更の通知状にしなさい。

【参考文例】

平成○年11月18日

各位

芝工業株式会社

当社代表電話変更のご通知

拝啓　貴社ますますご発展のこととお喜び申し上げます。

さて，当社の代表電話番号が12月1日から，下記の通り変更となりますので，お知らせいたします。

つきましては，お手数ですが，名簿等ご訂正くださるようお願い申し上げます。　敬具

記

新代表番号　（03）3200 − 6675　以上

【問題】

1　発 信 者　　株式会社日本メールサービス
2　受 信 者　　皆様
3　発 信 日　　平成○年 11 月 15 日
4　表　　題　　当社住居表示変更のご通知

おたくの会社もますます盛んなこととお喜び申します。
さて，当社の住居表示が 12 月 1 日から，東京都新宿区新町一丁目 4 番 15 号（〒 169-0075）に変更になるので，通知します。
ついては，お手数ですが，名簿等を訂正してもらいたく，お願いします。

【解答例】

平成○年 11 月 15 日

各位

株式会社日本メールサービス

当社住居表示変更のご通知

拝啓　貴社ますますご隆盛のこととお喜び申し上げます。
さて，当社の住居表示が 12 月 1 日から，下記の通り変更になりますので，ご通知いたします。
つきましては，お手数ではございますが，名簿等ご訂正いただきたく，お願い申し上げます。
敬具

記

新表示　　東京都新宿区新町一丁目 4 番 15 号（〒 169-0075）

以上

いかがでしょうか。「参考文例」と「問題の内容」がほぼ対応しています。そして，この形式で毎回出題されるでしょうが，特に難しいことはありません。それを次項の「対策」で確認してください。

[2] 対策

①社外文書の書き表し方の基本

「参考文例」を読むと，社内文書に比べ，社外文書は丁寧に書き表していることが分かります。従って，このことを基本において，問題に取り組んでいけばよいでしょう。

②社外文書の作成の仕方

「参考文例」に倣って，記述問題に取り組みます。

前付け

発信日付，受信者名，発信者名を書き入れます。「皆様」は「各位」とします。

表題

3 級での表題は「問題」の内容の通りに書きます。

前文

「問題」の内容に従って，

拝啓　貴社ますますご隆盛のこととお喜び申し上げます

とします。ここで，「盛ん」と「ご隆盛」を対応させていくわけです。

主文

「参考文例」は，電話番号変更のお知らせですが，「問題」は住居表示変更のお知らせです。変更の通知は同じですから，

さて，当社の住居表示が12月1日から，下記の通り変更となりますので，ご通知いたします。

と書きます。ここで書き直したものは，下線部分の「住居表示」

と「ご通知いたし」だけです。後は「参考文例」と同じ書き表し方にします。なお，参考文例の「お知らせいたします」を「ご通知」としたのは，問題の内容が「通知します」となっているからです。そして，「ついては」 からの文も同様に，

つきましては，お手数ですが，名簿等ご訂正いただきたく，お願い申し上げます。　敬具

と書いていきます。ここで書き直した箇所は，下線部分の「つきましては」「ご訂正いただきたく」「申し上げます」になります。「ついては」と「します」は，参考文例に従い「つきましては」と「申し上げます」にします。なお，「訂正してもらいたく」は，「訂正していただきたい」と自社側の気持ち（意思）を述べているわけですから，ここは「ご訂正いただきたく」とした方がよいでしょう。

記書き

記書きは，参考文例の「新代表番号」を参考にして「新表示」とします。最後に「以上」を書き忘れないようにします。

「社外文書の書き表し方」

丁寧な社外文書にしていくには，次の要領で行うとよいでしょう。

①「問題」の内容を読む。

②次に，書き直した方がよいと思われる箇所（普通の言い方をしている箇所）に下線を引く。

> さて，依頼の「秋季版総合カタログ」，本日，別送しました。
> つきましては，内容を検討した上で，ぜひ，注文をくれるよう，お願いします。

③下線部分を丁寧な言葉遣いに直し，適切な文書にする。

> さて，ご依頼の「秋季版総合カタログ」，本日，別送いたしました。
> つきましては，内容ご検討の上，何とぞご用命を賜りますよう，お願い申し上げます。

なお，この方法は「社内文書」にも有効です。

3 文書の取り扱い

1 受発信事務

[1] 出題の傾向

3級では，封書の宛て名の書き方などを中心に出題されています。それを次の例題から見てみましょう。

問5 次は，封筒に書かれた宛て名です。宛て名は，会社名，部署名，役職名，人名，敬称で成り立ちますが，よくある不適切な書き方に，敬称を付ける位置があります。では，次に書かれた宛て名の中で，敬称を書く位置の不適切なものはどれか。一つ選び番号で答えなさい。

(1) 榊原デザイン株式会社
　営業部　御中
(2) 榊原デザイン株式会社
　総務ご担当者殿
(3) 榊原デザイン株式会社
　高科企画部長殿
(4) 榊原デザイン株式会社
　代表取締役社長殿
(5) 榊原デザイン株式会社
　清水高広　企画部長様

不適切な選択肢は，(5) になります。正しくは，「榊原デザイン株式会社　企画部長　清水高広様」になります。

なお，これについては，すでに「礼儀正しい文章」で学んだことですが，実務技能の領域では，このように封書の表書きの視点から出題されます。

また，次のような問題も出題されています。

問 6 領収書などを郵送する場合，封筒の表面に，宛て名以外に，どのような書類が同封されてあるかを知らせる言葉を書きます。では，請求書を送る場合には，一般的にどのような言葉を書くのがよいか。次の中から適切と思われるものを一つ選び，番号で答えなさい。

(1) ご請求書
(2) 請求書同封
(3) 請求書封入
(4) 請求書在中
(5) 重要（請求書）

適切な選択肢は (4)「請求書在中」になります。「履歴書在中」などと同様，これが一般的な内容表示の書き表し方です（在中《ざいちゅう》とは，請求書が「中に在《あ》る」という意味。内容表示語という。ほかに「重要」などの外脇付けがある）。

[2] 対策

①宛て名に付ける敬称

前述した通り，3級では「敬称の付け方」の基本パターンを覚えておけばよいでしょう。その基本パターンが，問5の適切な選択肢 (1)(2)(3)(4) になります。あらためて，確認しておいてください。

②封書の外脇付け

外脇付けには，「重要（重要書類が入っている）」「至急（急いで処理してほしい）」「親展（受取人に直接開封してほしい）」「公用（受取人が不在の場合，担当が同じならほかの人でも開封して構いません）」などがあります。目的に応じて使い分けができるようにしておいてください。

2「秘」扱い文書の取り扱い

[1] 出題の傾向

ここでは，機密文書の取り扱いを中心に出題されます。次がその問題です。

問7 「機密文書」とは，関係者以外に知られては困る文書のことです。従って，その取り扱いは慎重にしないといけないものです。次は，そのような機密文書の取り扱い方について述べたものです。中から不適切と思われるものを一つ選び，番号で答えなさい。

(1) コピーするときは，必要部数だけにする。
(2) 机の上に広げたままにしないようにする。
(3) 配布するときは，直接本人に渡すようにする。
(4) 機密文書を郵便で送ることはしてはいけない。
(5) 保管するときは，鍵の掛かるキャビネットなどにする。

不適切な選択肢は (4)「機密文書を郵便で送ることはしてはいけない」になります。機密文書は「簡易書留」扱いであれば，安全確実に郵送できます。(「3 郵便の知識」を参照)。

[2] 対策

出題の範囲はさほど広くないので，次のことを理解していれば，対策としては十分でしょう。

①機密文書の種類

会社には，他社に知られては困る機密情報があります。従って会社では，機密事項の載っている文書は，取り扱いを厳重にしています。

機密の重要度のレベルについては，一般的には次のように分類しています。

極秘

会社全体の存続に影響する重要政策や重要会議の議事録，経営数字など，特定の社員以外には，公開できないもの。

部外秘

特定の部員以外には，公開できないもの。

社外秘

社員以外には，公開できないもの。

②機密文書の取り扱い

厳重に保管する

機密文書は，鍵の掛かるキャビネットなどに保管する。重要度の高い文書の場合は，耐火性のある金庫などを使う。

封筒に入れて持ち運ぶ

機密文書を持ち歩くときは，それと分からないように，必ず封筒に入れること。

机の上に広げたままにしておかないこと

廃棄するときは，文書細断機で処理する

機密文書は，他の一般文書とは，別に保管しておく

3 郵便の知識

[1]出題の傾向

郵便の知識では，速達や書留（特殊取扱郵便），大量郵便物の発送などを中心に出題されます。それを次の問題から見てみましょう。

問8 相手に郵便物を速く届けたい場合は，「速達」にします。では，次の速達について述べた文の中から，<u>不適切</u>と思われるものを一つ選び，番号で答えなさい。

(1) 速達料金は，郵便物の重さによって金額が異なる。

(2) 速達郵便を出す場合は，郵便局の窓口に持って行く必要がある。

(3) 郵便物を速達にするときは，郵便料金のほかに速達料金が必要である。
(4) はがきや封書だけでなく，「ゆうメール」も速達にすることができる。
(5) 速達の表示をするときは，はがきや封筒の上辺に太い朱線を引くだけでもよい。

不適切な選択肢は（2）になります。言うまでもないことですが，速達郵便も普通郵便と同様に，ポストに投函できます。なお，次項で「郵便の知識」について一覧にしておきます。これを「対策」としてください。

[2] 対策

❶・・・第一種郵便と第二種郵便

第一種郵便は封書，第二種郵便とは，はがきのこと。

なお，封書はサイズ・重さによって「定形郵便物」と「定形外郵便物」とに分けられる（それぞれ料金が違う）。

❷・・・郵便小包

①ゆうパック（投函不可）

一般小包は大きさ，地域によって料金が変わる。

②ゆうメール（投函可）

書籍に限らず，カタログ・パンフレットなどの冊子形状の印刷物やCD・DVD，各種メモリーカードなどの光学的・電磁的記録媒体の送付に利用できる。

❸・・・特殊取扱郵便

①速達

はがきや封筒に「速達」の表示をするときは，その上辺に太い朱線を引くか，「速達」の文字が入ったゴム印を押す。

②書留

a）一般書留

重要な文書や手形・小切手などを送るときに利用する。

b）簡易書留

原稿や資料を，確実に送りたいときに使う。料金も割安。

c）現金書留

指定の「現金書留封筒」を用いて，現金を送る。なお，封をしたら「割り印」を押すのを忘れないこと。

❹・・・郵便番号，書き損じたはがきの交換，大量郵便物の発送などについて

①郵便番号の書き方

手書きする場合は，郵便番号記入枠に，楷書で，丁寧に書く。なお，このとき，数字は記入枠に触れないようにする。

②書き損じたはがきの交換手数料

1枚につき5円（平成27年2月1日現在）の手数料を払うと，新しいはがきと交換できる。

③大量郵便物の発送

量のまとまった文書を発送するときは，次のような制度が利用できる。

a）料金別納

同一料金の郵便物を大量（通常郵便物は10通以上，ゆうパックも同様）に発送する場合に便利。次ページの図のように，あらかじめ印刷しておくと，切手を貼る必要はない。料金が異なる場合は，料金額ごとに分けて出す。

b）料金受取人払

大量のアンケートなどを発送するとき，同封する返信用はがきや封筒を「料金受取人払」にする。受取人は，返信された郵便物だけについて，手数料（1通につき10円，15円，または21円）を加算した郵便料を支払う。利用に当たっては，事前に配達事業所の承認が必要になる。

〔料金別納・料金受取人払の表示〕

料金別納のスタンプ例

料金受取人払のはがき

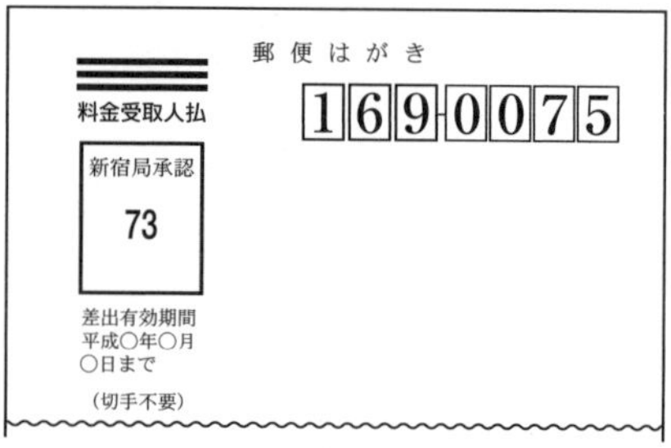

4 用紙の大きさと紙質

［1］出題の傾向

用紙の大きさの規格には，Ａ列とＢ列とがあります。例えば本書の１ページ分は「Ａ５判」（「Ａ列の５番」という意味）ですが，見開き（開いて２ページ分の大きさにすること）にすると，「Ａ４判」という大きさになります。このように番号が変わると大きさも変わります。では，用紙の大きさについての問題は，どのような形式で出題されるでしょうか。それを，次の問題から見てみましょう。

問 9　次は，A3 判から A5 判までの用紙の大きさの関係を図示したものです。この図を参考に，下の中から，不適切と思われるものを一つ選び，番号で答えなさい。

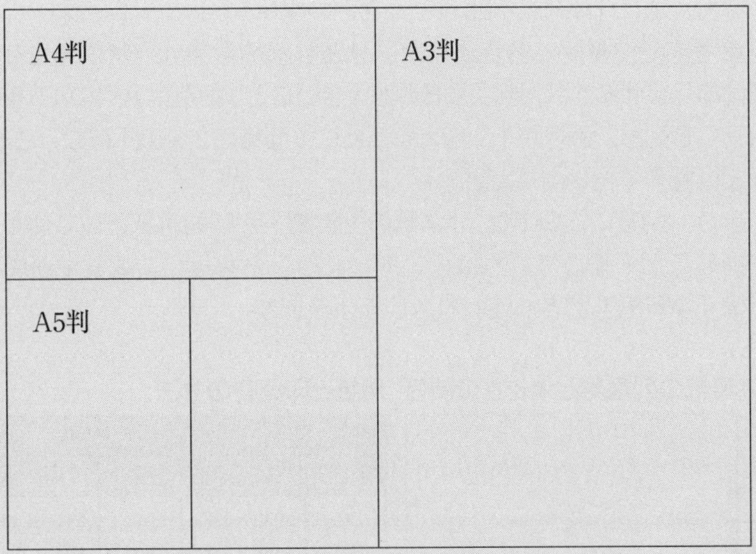

(1) A5判の3倍の大きさは，A3判である。

(2) A4判の2分の1の大きさは，A5判である。

(3) A3判の用紙からは，A5判の用紙を4枚作ることができる。

不適切な選択肢は (1) になります。図からも分かるように，A5判の3倍に該当する判型はありません。正しくは，「A5判の4倍の大きさがA3判である」になります。

[2] 対策

今後もこの形式を中心に出題されるでしょう。従って，この問題を確実に理解していれば，用紙の大きさの問題には十分に対応できます（A判がB判に変わっても考え方は同じ。例えば，前出の問題の (2) の選択肢は，そのまま「B4判の2分の1の大きさはB5判である」と置き換えることができる)。

なお，次に「用紙の列番号と大きさの関係」「用紙と印刷物の寸法」を参考までに挙げておきました。寸法などの数字は，特に覚える必要はありませんが，A判よりB判が大きいこと（B列はA列の 1.5 倍），A列もB列も，番号が 1 つ増えるごとに，面積が 2 分の 1 になること，などは覚えておいてください。

また，用紙については，「洋紙の上質紙」が印刷用紙として使われていることを知っていればよいでしょう。ちなみに，雑誌や新聞などは「中質紙」が多く使われているようです。

用紙の列番号と大きさの関係

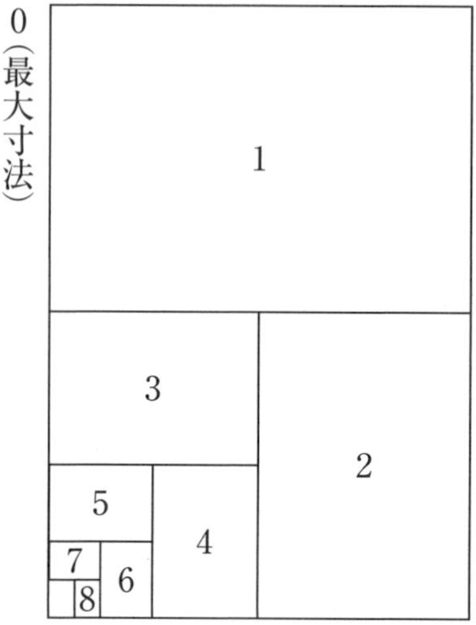

用紙と印刷物の寸法

B　列		A　列	
列番号	寸法(mm)	列番号	寸法(mm)
B0	1,030×1,456	A0	841×1,189
B1	728×1,030	A1	594×841
B2	515×728	A2	420×594
B3	364×515	A3	297×420
B4	257×364	A4	210×297
B5	182×257	A5	148×210
B6	128×182	A6	105×148
B7	91×128	A7	74×105
B8	64×91	A8	52×74
B9	45×64	A9	37×52
B10	32×45	A10	26×37

5 印刷物の校正

[1] 出題の傾向

印刷物を作る場合には，出来上がった原稿を印刷所に渡して依頼すれば，すべて完了というわけにはいきません。この後，印刷所から出る試し刷り（校正刷り）を原稿と引き比べて，誤字脱字などを正す作業があるからです。これが「校正」です。

この作業の第 1 段階が，「初校《しょこう》」（最初の校正）と呼ばれているものです。初校が終わったら，印刷所に戻しますが，訂正箇所が多く，もう一度見る必要がある場合は，「再校《さいこう》」を行います（「要再校」と書く）。

なお，この作業が終わった時点で誤りの箇所も少なく，あらためて点検する必要がないときは，「後は，印刷所で責任を持って，赤字の箇所を直せ」という指示を出します。これが「責了《せきりょう》」（責任校了）です。

全く誤字脱字などがなくなれば「校了《こうりょう》」として，印刷に入ります。では，校正の要領を，次の問題から見てみましょう。

問 10 ①の「文例」は，印刷会社に対し，誤字脱字や体裁の不備などを指摘し，この通りに直しなさい（これを「校正」という）と指示した原稿です。また，②の「文例」は，印刷会社がその指示に従って訂正した原稿です。では，③の「問題」を，誤りのない原稿にするには，どのように校正したらよいか。①の「文例」の要領で校正しなさい。

①【文例】

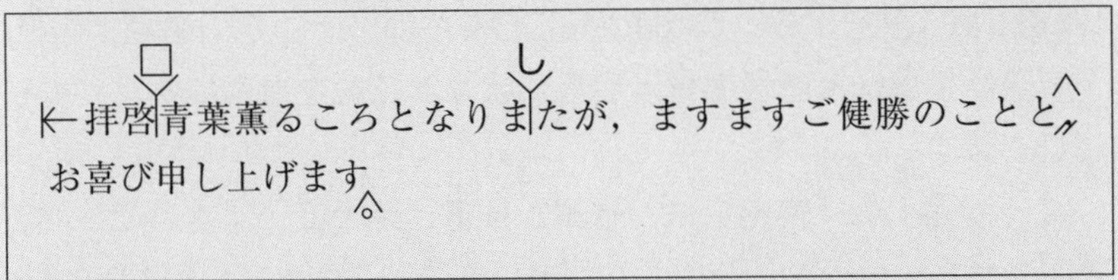

②【文例】

拝啓　青葉薫るころとなりましたが，ますますご健勝のこととお喜び申し上げます。

③【問題】

> 前略，5月10日付のお手紙によりますと，先日お贈りいたした品が，荷造り不完全のため破損してたとのこと，誠に申し訳こざいません

【解答例】

> トルアキ　　　　　　　　　　　　　　　　送
> 前略　5月10日付のお手紙によりますと，先日お贈りいたした品が，荷造り不完全のため破損してたとのこと，誠に申し訳こざいません。
> ご　　　　　　　　　　　　い

[2] 対策

①書式

まず，手紙の書式の約束事から検討していきます。①「文例」で，「拝啓」は１字空けないで行頭からにしなさい，そして，「拝啓」の後，１字空けなさいと記号で指示しています。これを参考にチェックしていきます。

③「問題」の「前略」は，行頭から書き始めていますので，問題ありません。が，次に読点（，）があります。これは，不要なので「トルアキ（読点は取って，１字空きはそのままにしておきなさい）」と指示します。

なお，「トルアキ」などの校正用語は，特に書かなくても構いません。体裁の不備を指摘できる視点が備わっていれば，それで十分です。

②誤字脱字

次は誤字脱字ですが，これについては「解答例」のように校正を

します。きちんと読んでいけば，必ず正解にたどり着きます。

「実務技能」の総合対策

確認と復習を兼ね，『ビジネス文書検定実問題集３級』や巻末の「実戦テスト」から，「Ⅲ実務技能」の領域を完全にマスターしておきましょう。

「一筆啓上　火の用心　お仙泣かすな　馬肥やせ」

これは「簡にして要を得ている」手紙の代表として，よく知られているものです。この手紙の主は徳川家康の重臣，本多重次。戦国武将です。

でも，「お仙」とは一体誰のことでしょう。名前の響きからすると，娘のような気もしますが，残念ながらそれは違います。「お仙」とは跡取り息子，仙千代のことで後の越前丸岡藩の城主，本多成重なのです。

いずれにせよ，毎日，戦《いくさ》に明け暮れている戦国武将にとって，長い手紙は書いていられない。そんな状況の中で，したためられた手紙なのでしょう。

ビジネス文書は，紋切り型を旨としています。とすれば，「簡にして要を得ている」この手紙は，紋切り型の手本といってもよいでしょう。ぜひ，その精神を学びたいものです。

参考文献

本書の執筆に当たっては,次の著書を参照させていただきました。

大野晋・浜西正人著『類語国語辞典』角川書店

山田忠雄・柴田武・酒井憲二・倉持保男・山田明雄編『新明解国語辞典第6版』三省堂

林巨樹監修『現代国語例解辞典第4版』小学館

時枝誠記・吉田精一編『角川国語大辞典』角川書店

社団法人共同通信社編著『記者ハンドブック第10版』共同通信社

武部良明編『現代国語表記辞典第2版』

武部良明著『国語表記事典』角川書店

三沢仁・吉澤正直編『ビジネス百科辞典』小学館

文化庁編『公用文の書き表し方の基準(資料集)改定版』第一法規

文化庁編『「ことばシリーズ」言葉に関する問答集　総集編』大蔵省印刷局

岩淵悦太郎編著『第三版悪文』日本評論社

大石初太郎著『敬語』筑摩書房

野元菊雄著『敬語を使いこなす』講談社現代新書

三沢仁著『ビジネス文書技能検定特講3級』『同2級』早稲田教育出版

武部良明・三沢仁・安本美典監修

『ビジネス文書技能検定受験ガイド3級』『同2級』早稲田教育出版

三沢仁著『新・入門ビジネス文書』産業能率大学出版部

三沢仁著『ワープロ常用文の作り方と500文例』産業能率大学出版部

三沢仁著『新文書事務』一橋出版株式会社

安田賀計・島田達巳著『新編文書事務新訂版』実教出版株式会社

三省堂編修所編『新しい国語表記ハンドブック第5版』三省堂

安田賀計著『文書の達人になる法』ぎょうせい

安田賀計著『ビジネス文書の書き方第2版』日本経済新聞社

安田賀計著『決定版!書く技術』PHP研究所

PHP研究所編『ビジネス文書で困ったとき読む本』PHP研究所

奥秋義信著『ビジネス文書の誤典』自由国民社

日本経済新聞社編『ゼミナール日本経済入門』日本経済新聞社

3級実戦テスト

試験時間120分

実際に出題された試験問題を収録しています。
力試しに取り組んでみましょう。

Ⅰ　表記技能

1．次の枠内の片仮名文を，漢字仮名交じりの文章にしなさい。その際，句読点（ ，　。）を打ち，必要な改行をしなさい。

　サテ　ホンジツハ　ゴタボウチュウ　ニモ　カカワラズ
ゴメンダン　イタダキ　マコトニ　アリガトウ　ゴザイマシタ
ソノサイ　ゴセツメイヲ　モウシアゲマシタ　「K―2」ノ
ケンハ　イカガデ　ゴザイマシタ　デショウカ　モシ
オトリアツカイノ　ゴキボウガ　オアリ　デシタラ
アラタメテ　ゴセツメイニ　ウカガイタイト　ゾンジマス

2．次の各文の下線部分の中で，漢字が間違っているものを一つ選び，番号で答えなさい。

(1) 危険を察する。
(2) 身体検査を行う。
(3) 雇用保検に入る。
(4) 倹約を心掛ける。
(5) 定期点検を行う。

3級実戦テスト

3．「時下」は，ビジネス文書の前文で使われる語で，「このごろ」という意味です。では，次の各文の中で，「時下」が適切に用いられているものはどれか，一つ選び番号で答えなさい。

(1) 時下ますますご健勝のこととお喜び申し上げます。
(2) 時下の候，ますますご清祥のこととお喜び申し上げます。
(3) 時下には，ますますご隆盛のこととお喜び申し上げます。
(4) 初冬の候，時下ますますご清祥のこととお喜び申し上げます。
(5) 時下におきましては，ますますご健勝のこととお喜び申し上げます。

4．次の社長退任のあいさつ状について，下の問いに答えなさい。

拝啓　(1)初冬の(2)候，貴社ますますご(3)隆盛のこととお喜び申し上げます。

さて，(4)私儀，このたび北嶋食品工業株式会社代表取締役社長を退任いたしました。(5)在任中は(6)永年にわたり多大のご(7)厚情を賜り，(8)衷心より(9)御礼申し上げます。

今後は，相談役として社業の(10)一端を(11)担う(12)所存でございますので，引き続きご支援のほどお願いいたします。

まずは，(13)略儀ながら(14)書中をもって，ごあいさつ申し上げます。

問1　下線部分（1）～⒁の漢字の読み方を平仮名で答えなさい。

(1)

(2)

(3)

(4)

(5)

(6)

(7)

(8)

(9)

(10)

(11)

(12)

(13)

(14)

問２　□部分にはどのような語を入れればよいか，漢字で答えなさい。

５．次の各文は，ビジネス文書の多くが横書きされる理由を述べたものです。中から不適切と思われるものを一つ選び，番号で答えなさい。

(1) 国際的である。
(2) 英語などが書きやすい。
(3) パソコンなどで扱いやすい。
(4) 数字が，全て算用数字で書ける。

Ⅱ　表現技能

1．次の文例の述語（「高められた」）は，主語（「受講者たちは」）に対応していないため，文の意味がおかしくなっています。ただし，「高められた」を「高まった」に直せば，意味が通じるようになります。このように文の一部を修正したり削除したりすることを，「文を整える」といいます。では，下の「問題」の文は，どのようにすれば整うか，その下の選択肢の中から適切と思われるものを一つ選び，番号で答えなさい。

【文例】

受講者たちは，研修の結果，仕事に対する意欲が高められた。

【問題】

営業部の新人社員８名は，４月から３カ月にわたる研修の後，各営業所へ配属した。

(1)「配属した」を「配属された」と直すのがよい。
(2)「各営業所へ」を「各営業所に」と直すのがよい。
(3)「配属した」を「配属することになった」と直すのがよい。
(4)「新人社員８名は」を「新人社員８名が」と直すのがよい。

2．「綿密」「克明」「細心」は，次のようにそれぞれ意味が似ていますが，用い方が違います。では，下の各文の［　　］部分には，どの語が該当するか，意味を参考に答えなさい。

・「綿密」　細かいところまでよく考えられていること。
・「克明」　小さいことでも見逃さずにやること。
・「細心」　細かいところまで注意が行き届いていること。

(1)［　　］に調査をする。
(2)［　　］の注意を払う。
(3)［　　］な計画を立てる。

(1)［　　　　］　(2)［　　　　］

(3)［　　　　］

3．ビジネス文書の表題とは，表題を読めばその文書の目的が分かるようになっているもののことをいいます。では，次の社内文書にはどのような表題を付けるのがよいか，下の中から適切と思われるものを一つ選び，番号で答えなさい。

> 平成○年度から導入する新人事制度について，下記の通り説明会を開催します。
>
> なお，2回とも同様の内容で実施しますので，業務に支障のないよう各部署で調整の上，いずれかに出席してください。
>
> 記

3級実戦テスト

1　日　時　(1)　平成○年12月17日（火）15時～17時
(2)　平成○年12月20日（金）10時～12時
2　場　所　8階研修室
3　資　料　当日配布

以上

(1) 新人事制度説明会出席のお願い
(2) 新人事制度説明会について（案内）
(3) 新人事制度説明会開催について（通知）
(4) 新人事制度説明会の日程調整について（依頼）

4．次は，工場見学の礼状を，センテンスごとに分け，順不同で並べたものです。この（　　）内に，順に読めば整った礼状になるよう，番号を付けなさい。

（　　）おかげさまで，見学者一同，当社取扱製品の生産工程について理解を得ることができたと大変喜んでおります。
（　　）貴社ますますご発展のこととお喜び申し上げます。
（　　）まずは，取りあえず書中をもって御礼申し上げます。
（　　）さて，このたびの当社新入社員の工場見学に際しましては，ご多忙中にもかかわらず，格別のご高配を賜り，誠にありがとうございました。
（　　）今後とも，よろしくご指導のほど，お願い申し上げます。

5．文書を書くとき，項目ごとに書ける場合は文章として続けて書かず，「文例」のように，項目ごとに分けて書いたほうが分かりやすくなります。このような書き方を箇条書きといいます。では，「問題」の内容を，社員住所録の目次にするにはどのように箇条書きするのがよいか。箇条書きで，平成○年度社員住所録の目次を作成しなさい。

【文例】

当店の売れ筋商品（12月期）

1　感冒薬
　「ラブリー2002顆粒」（ラブリー製薬㈱）
　「スイート・シロップ小児用」（太陽薬品㈱）
2　健康食品
　「元気くん」シリーズ（マルゲンフーズ㈱）
　「自然の恵み」（㈱富岡食品）
3　健康器具
　「ＳＳスタンダード」（ＳＳ工業㈱）
　「すこやか」（昭和電器㈱）

【問題】

平成○年度の「社員住所録」の目次は，次のようになっている。

まず，最初は役員であるが，1ページと2ページに住所が掲載されている。次に総務部である。総務部は総務課と人事課に分かれているが，総務課が3ページ，人事課が4ページとなっている。経理部は5ページとなる。最後に営業部であるが，3つの課に分かれていて，営業1課が6・7ページ，営業2課が8ページ，仕入課が9ページとなっている。

6．次の枠内は，訪問の礼状の一部です。この文章を形式の整った礼状にするには，下線部分（1）～（5）をどのような言い方にすればよいか。下の中から適切と思われるものを一つ選び，記号で答えなさい。

> 昨日は，突然のご訪問にもかかわらず，お話を＿＿（1）＿＿，誠にありがとうございました。
> つきましては，その節＿＿（2）＿＿新製品カタログをお送りいたしますので，何とぞ＿＿（3）＿＿くださいますよう，お願いいたします。
> なお，さらに詳しい説明のご希望がおありでしたら，担当者同伴の上，あらためて＿＿（4）＿＿ ＿＿（5）＿＿。

（1） a お聞きいただき
　　 b お伺いいただき

（2） a ご依頼されました
　　 b ご依頼いただきました

（3） a ご高覧
　　 b ご高見

（4） a ご参上したい
　　 b 参上させていただきたい

（5） a と存じます
　　 b 所存でございます

（1）		（2）		（3）		（4）		（5）	

Ⅲ　実務技能

1．次の枠内の指示に従って，什器・備品購入申請書を作成しなさい（印は省略してよい）。

【指示】

> 営業部営業2課では，現在使用中のキャビネットが老朽化してしまったので，新たにスチール製キャビネットを購入することになった。課員の福島康司は，係長から申請書を作成するよう指示された。
>
> 購入するのは，クイーン事務機器㈱が製造したスチール製キャビネットS－1を3台である。購入先は「㈱山城商事」である。1台当たり30,000円で，3台だと消費税込みで，94,500円になる。
>
> なお，申請は平成○年12月16日に行う。

（注）什器・備品とは，会社などに備えられている，オフィス家具や事務用器具の総称。

3級実戦テスト

什器・備品購入申請書

記入不要
↓

所属長

申請日	平成　　年　　月　　日
所　属	
申請者	㊞

下記により，什器・備品を購入したく，申請します。

品名・型番	
メーカー名	
購　入　先	
数　　　量	
単　　　価	
予定価額	
購入事由	

記入不要→

総務	部長	課長	係

2．次の「参考文例」の形式や表現を参考にして，下の問いに答えなさい。

【参考文例】

人発第102号
平成○年12月2日

社員各位

人事部長

平成○年度下期賞与支給の通知

下期賞与を，12月6日（金）に支給します。各自所属長から支給明細書を受け取ってください。

以上

担当　人事課　須藤
（内線554）

問1　次は，設備定期点検を知らせる社内連絡文書の一部です。この中の下線部分A・Bにはどのような語句を入れるのがよいか。下の中から適切と思われるものを一つ選び，番号で答えなさい。

社内の設備定期点検のため，12月14日（土）は，15時以降事務所が＿A＿。休日出勤を予定している社員は，＿B＿。

A（1）使用できない
（2）使用できません
（3）ご使用になれません

B（1）注意すること
（2）ご注意願います
（3）注意してください

A		B	

問2　次の内容を，社内文書にしなさい。

1　発 信 者　総務課長
2　受 信 者　課長全員
3　発 信 日　平成○年12月2日
4　文書番号　総発第100号
5　表　　題　年賀状使用枚数について
6　担 当 者　総務課　池永（内線118）

今年も年賀状を一括して作成する。
ついては，各部署での使用枚数を，12月6日の金曜日までにうちの課宛て連絡してほしい。

3．次の「案内文書」を参考に，下の枠内の内容を，記書きを交えた注文状にしなさい。

【案内文書】

平成○年12月16日

お得意様各位

株式会社イースト物産

年末セールのご案内

拝啓　毎々格別のお引き立てを賜り，誠にありがとうございます。

さて，このたび下記の通り，恒例の年末セールを開催いたします。

いずれも各ブランドから出品された今季流行の商品ばかりでございます。

何とぞお誘い合わせの上，ご来場くださいますよう，ご案内申し上げます。

敬具

記

1　セール期間　平成○年12月27日（金）～31日（火）
2　会　　　場　スクエア恵比寿　2階特設会場
3　時　　　間　10時～17時

以上

【注文状の内容】

1　発 信 者　小岩産業株式会社　総務課長　峰　耕介
2　受 信 者　株式会社山城商事　営業課長　小田島　悟
3　発 信 日　平成○年12月6日

3級実戦テスト

4　文書番号　総発第88号

5　表　　題　「ＨＧ―１」のご注文

6　担 当 者　総務課　石橋（電話03-3200-6675）

おたくの会社もますます発展していることとお喜び申します。

さて，先日送付してもらった見積書に基づいて，注文します。注文の内容ですが，品名がパソコンデスク「ＨＧ―１」で，数量は20台です。納期は12月13日の金曜日でお願いします。支払いは，月末締めの翌月25日払いで銀行振込となります。ご手配のほど，よろしくお願いします。

4．次は，封筒に書かれた宛て名です。宛て名は，会社名，部署名，役職名，人名，敬称で成り立ちますが，よくある不適切な書き方に，敬称を付ける位置があります。では，次に書かれた宛て名の中で，敬称を書く位置の不適切なものはどれか。一つ選び番号で答えなさい。

(1) 上野商事株式会社　営業部　御中
(2) 上野商事株式会社　総務ご担当者殿
(3) 上野商事株式会社　代表取締役社長殿
(4) 上野商事株式会社　北村隆志　総務部長様
(5) 上野商事株式会社　人事部人事課採用係　御中

5．次の説明に該当する郵便を何というか，下の中から適切と思われるものを一つ選び，番号で答えなさい。

「返信用はがきや返信用封筒に用いる郵便で，返信があった分だけの手数料と郵便料金を支払う郵便」

(1) 一般書留
(2) 簡易書留
(3) 料金別納郵便
(4) 料金後納郵便
(5) 料金受取人払

3級実戦テスト

解　答

Ⅰ　表記技能

1．【解答例】

さて，本日はご多忙中にもかかわらず，ご面談いただき，誠にありがとうございました。 その際，ご説明を申し上げました「K－2」の件は，いかがでございましたでしょうか。もし，お取り扱いのご希望がおありでしたら，あらためてご説明に伺いたいと存じます。

2．(3)

3．(1)

4．問1　(1) しょとう　(2) こう　(3) りゅうせい
(4) わたくしぎ　(5) ざいにんちゅう　(6) えいねん
(7) こうじょう　(8) ちゅうしん　(9) おんれい
(10) いったん　(11) にな　(12) しょぞん
(13) りゃくぎ　(14) しょちゅう

問2　敬具

5．(4)

Ⅱ　表現技能

1．(1)

2．(1) 克明 (2) 細心 (3) 綿密

3．(3)

4．(3) おかげさまで，見学者一同，当社取扱製品の生産工程について理解を得ることができたと大変喜んでおります。
(1) 貴社ますますご発展のこととお喜び申し上げます。
(5) まずは，取りあえず書中をもって御礼申し上げます。
(2) さて，このたびの当社新入社員の工場見学に際しましては，ご多忙中にもかかわらず，格別のご高配を賜り，誠にありがとうございました。
(4) 今後とも，よろしくご指導のほど，お願い申し上げます。

5．【解答例】

平成○年度社員住所録目次

1　役　員　……………………………1・2

2　総務部

　　総務課　……………………………3

　　人事課　……………………………4

3　経理部　……………………………5

4　営業部

　　営業1課　…………………………6・7

　　営業2課　…………………………8

　　仕入課　……………………………9

6．(1)—a　(2)—b　(3)—a　(4)—b　(5)—a

Ⅲ　実務技能

1．【解答例】

什器・備品購入申請書

所属長

申請日	平成○年12月16日
所　属	営業部営業2課
申請者	福島　康司　㊞

下記により，什器・備品を購入したく，申請します。

品名・型番	スチール製キャビネットS―1
メーカー名	クイーン事務機器㈱
購　入　先	㈱山城商事
数　　　量	3台
単　　　価	30，000円
予定価額	94，500円（消費税込み）
購入事由	現在使用中のキャビネットが老朽化したため

総務	部長	課長	係

2．問１　A―（2）
　　　　B―（3）

問２　【解答例】

総発第１００号
平成○年12月2日

課長各位

総務課長

年賀状使用枚数について

本年も年賀状を一括して作成します。
ついては，各部署での使用枚数を，12月6日（金）までに当課宛て連絡してください。
以上

担当　総務課　池永
（内線１１８）

3．【解答例】

総 発 第 8 8 号
平成○年 12 月 6 日

株式会社山城商事
営業課長　小田島　悟様

小岩産業株式会社
総務課長　峰　耕介

「ＨＧ－1」のご注文

拝啓　貴社ますますご発展のこととお喜び申し上げます。
さて，先日ご送付いただいた見積書に基づき，下記の通り注文いたします。ご手配のほど，よろしくお願い申し上げます。

敬具

記

1　品　名　パソコンデスク「HG－1」
2　数　量　20 台
3　納　期　12 月 13 日（金）
4　支払い　銀行振込（月末締めの翌月 25 日払い）　以上

担当　総務課　石橋
電話　03-3200-6675

4．(4)

5．(5)

ビジネス文書検定受験ガイド（改訂新版）3級

2006年 4月 1日 改訂初版発行
2015年 2月10日 第9刷発行

編　者　公益財団法人実務技能検定協会©
発行者　小池 秀明
発行所　早稲田教育出版
〒169-0075 東京都新宿区高田馬場一丁目4番15号
株式会社早稲田ビジネスサービス
http://www.waseda.gr.jp
電話 (03)3209-6201